ISBN: 9798592203077

Producción Artes Gráficas

Tecnologías, manufactura, aplicación y evaluaciones

Edición EMD

Primera edición

Comunidad Europea

2021

Índice

Introducción / 11
Objetivos

Principios de la impresión / 13

Elaboración de matrices para offset / 25

Sistema de impresión offset / 43

Sistema de impresión digital / 60

Introducción

La Tecnología de la Industria Gráfica no sólo incluye equipos y programas digitales, sino un adecuado conocimiento de los recursos, materias primas y la adecuada planificación de los procesos posteriores a la etapa creativa. El actual avance tecnológico nos lleva a competir de forma innovadora con el internet y multimedia, buscando aplicaciones, materiales, acabados, diseños y formatos que ofrezcan un valor agregado, explorando diferentes, alternativas para crear nuevos productos y servicios en los procesos de impresión. Es evidente que en el sector gráfico los impresos tradicionales como los libros, revistas, diarios, folletos publicitarios, catálogos y anuncios, deben interactuar con el público de manera que establezcan un acercamiento de utilidad social y una clara identificación con los beneficios ofertados. ¿Cómo? con creatividad, nueva tecnología y soportes acordes a las necesidades y gustos del usuario final. Los expertos pronostican que los productos gráficos de alta calidad impresos bajo demanda, las publicaciones a medida, los catálogos personalizados, los elementos de packaging o las impresiones de gran formato verán aumentada su demanda. La impresión digital, el web to print, las tintas ecológicas, materiales y soportes sostenibles, así como la combinación de técnicas para mejorar los acabados marcarán la diferencia en este nuevo escenario.

Objetivos

- Reconocer, diferenciar y describir los medios de impresión.
- Diseñar arte final de flyer para impresión Offset.
- Diseñar folleto bifoliar en 05 colores para impresión en offset.
- Diseñar y realizar arte final de catálogo con plegado editorial.
- Diseñar muestrario de papeles.
- Realizar diseño y arte final para impresión en serigrafía.
- Realizar diseño y arte final para impresión en flexografía.
- Realizar diseño de portafolio para acabado en hot stamping y/o repujado.

Principios de la impresión

La forma impresora varía según el principio de impresión utilizado, esto quiere decir que, para cada sistema de impresión, offset, flexografía, huecograbado y serigrafía, es necesaria una matriz con características diferentes. La matriz se diferencia una de otra especialmente por las zonas impresoras (áreas con imagen) y las zonas no impresoras (fondo o áreas sin imagen). Es necesario reconocer cada sistema de impresión partiendo de su principio de impresión, las características de la matriz a utilizarse y los diferentes proyectos gráficos que pueden realizarse.

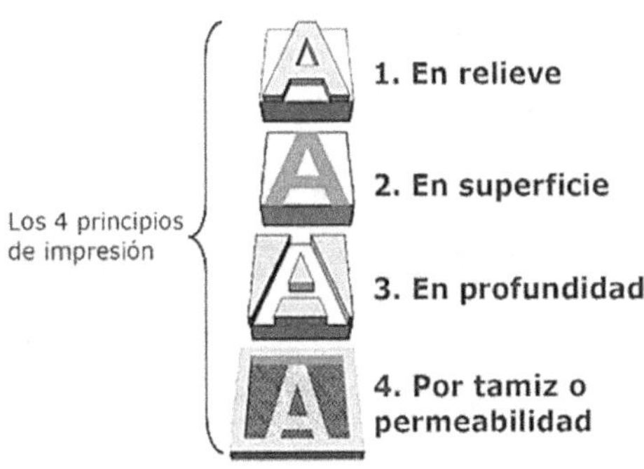

Los principios de impresión podemos clasificarlos en 4 y diferenciarlos claramente por su forma de transferir la imagen al soporte. Como mencionamos líneas arriba, cada principio de impresión es el punto de partida para los diferentes sistemas de impresión dentro del ámbito productivo de las artes gráficas.

Los principios de impresión para los diferentes sistemas de impresión son los siguientes:

1. Impresión en Relieve.

2. Impresión en Superficie.

3. Impresión en Profundidad.

4. Impresión en Permeabilidad.

Impresión en relieve

Los sistemas de impresión en relieve son aquellos que tienen las zonas impresoras talladas en relieve con respecto al plano de la forma por lo que la delimitación entre unas zonas y otras se debe a medios mecánicos. Esto sucede en el procedimiento de la flexografía y la tipografía. El proceso de impresión en relieve, se caracteriza por que la superficie donde se encuentra la imagen imprimible se eleva sobre el fondo sin dibujo. Esta superficie elevada, se entinta a través de unos rodillos y se presiona finalmente sobre el papel para lograr la impresión. El fondo, en un plano inferior al de la zona impresa, no toma contacto con los rodillos.

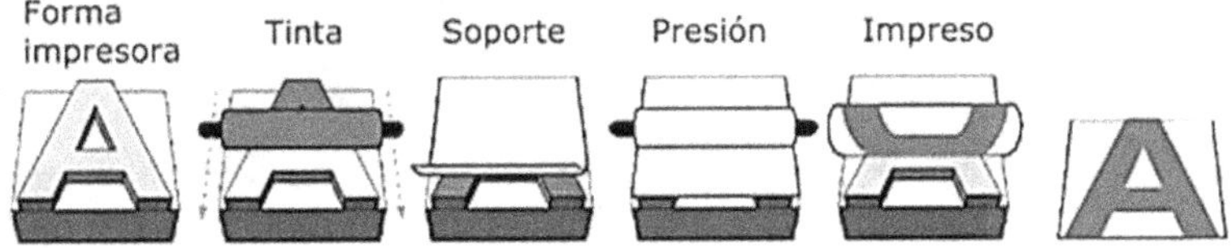

Flexografía

Deriva de la tipografía y utiliza planchas flexibles y tintas fluidas que secan por evaporación. Las formas están hechas de caucho o fotopolímeros, y la imagen se encuentra en relieve al igual que en el sistema tipográfico. El sistema de impresión flexográfico es directo, esto quiere decir que la plancha flexográfica una vez entintada, transfiere directamente la tinta al soporte, por ello cuando vemos esta plancha observamos que los textos de la imagen se leen al revés para que en el soporte impreso se lean correctamente.

Las planchas tienen un área en alto relieve que imprime directamente sobre el sustrato con una ligera presión denominada "presión al beso".

A diferencia de las pesadas planchas metálicas empleadas por la imprenta en sistema offset, las planchas flexográficas son adaptables y desplazables.

Aquí se observa una plancha de plástico denominada cliché la cual está compuesta por un material muy flexible llamado fotopolímero, capaz de adaptarse a una cantidad de soportes muy variados.

Es el sistema cuya forma impresora se parece más a un sello, literalmente.

Es necesario por cada color o matiz una o dos formas impresoras.

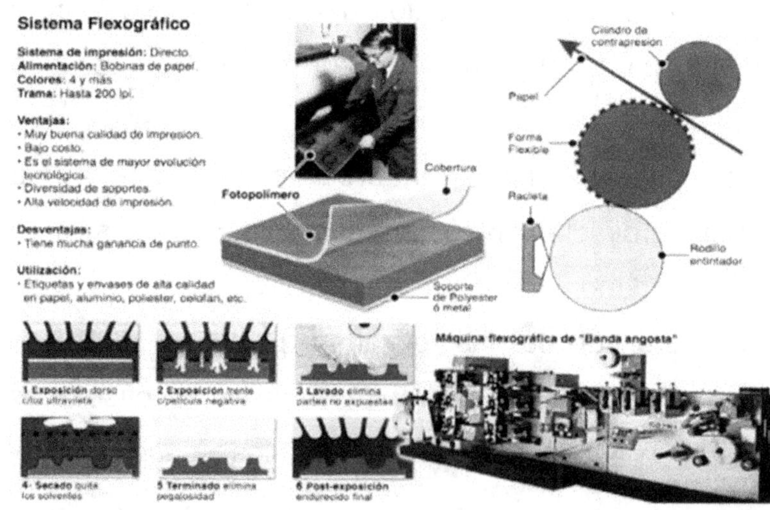

Tipografía

La tipografía tradicional, imprimía todo el texto con tipos de metal y las ilustraciones con grabados, estos elementos se unen para formar en el interior una moldura rígida que se introduce en la prensa.

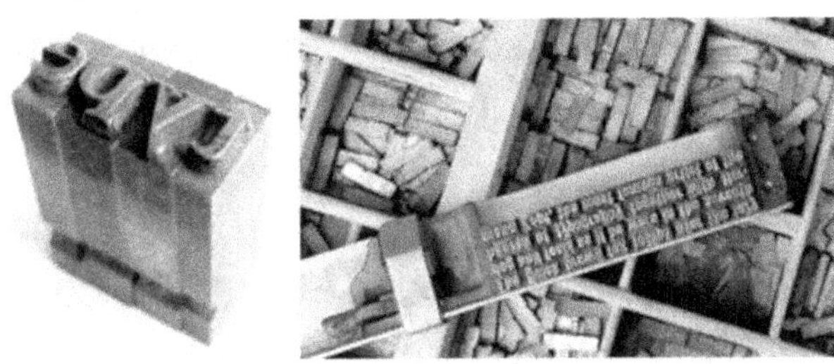

Los elementos impresores, son en forma de relieve, y están formados por letras individuales, sueltas o líneas bloque, líneas, filetes y grabados.

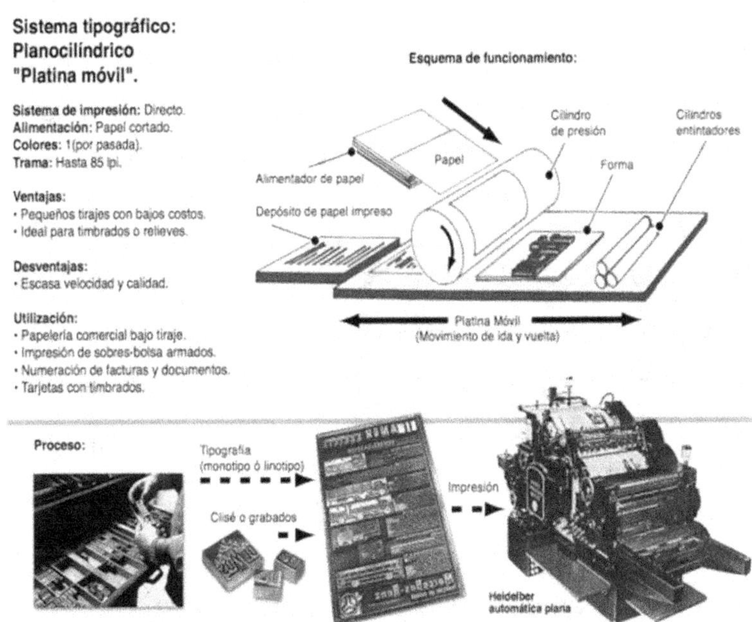

Impresión en superficie

La zona impresora es tratada con productos químicos para que acepte la tinta y rechace el agua. La zona no impresora (sin imagen), es tratada de modo que acepte el agua y repela la tinta. Al aplicarse con el rodillo la tinta queda sólo en la zona impresora.

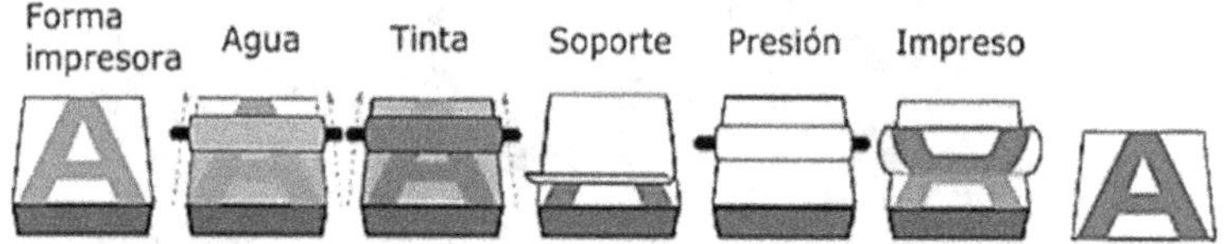

Es un sistema de impresión que usa placas de superficie plana. El área de la imagen a imprimir está al mismo nivel que el resto, ni en alto ni en bajo relieve, es por eso que se le conoce como un sistema planográfico. Se basa en el principio de que el agua y el aceite no se mezclan. El método usa tinta con base de aceite y agua. La imagen en la placa recibe la tinta y el resto la repele y absorbe el agua. La imagen entintada es transferida a otro rodillo llamado mantilla, el cual a su vez lo transfiere al sustrato. Por eso se le considera un método indirecto. El offset es el sistema más utilizado por los impresores por la combinación de buena calidad y economía, así como en la versatilidad de sustratos. La zona impresora es plana, sin zonas sobresalidas o ahuecadas.

Sistema Offset

Sistema de impresión: Indirecto.
Alimentación: Bobinas o papel cortado.
Colores: 1, 2, 4, 6, 8, 10.
Trama: Hasta 200 lpi.

Ventajas:
· Costos accesibles en tirajes cortos.
· Alta velocidad de impresión.
· Buena calidad en detalles y fotografías.
· Gran variedad de formatos.
  (de 22 x 28 cm hasta 148 x 110 cm).
· Gran variedad de cuerpos.
· Amplio surtido de papeles.

Desventajas:
· Puede resultar costoso en bajas tiradas.
· Dificultad en secado y problemas con la humedad del papel.

Utilización:
· Afiches, Posters, Folletos, Volantes, Display, Revistas, House Organs, POP, etc. · El offset seco imprime Papel Moneda, Metal, Plástico,etc.

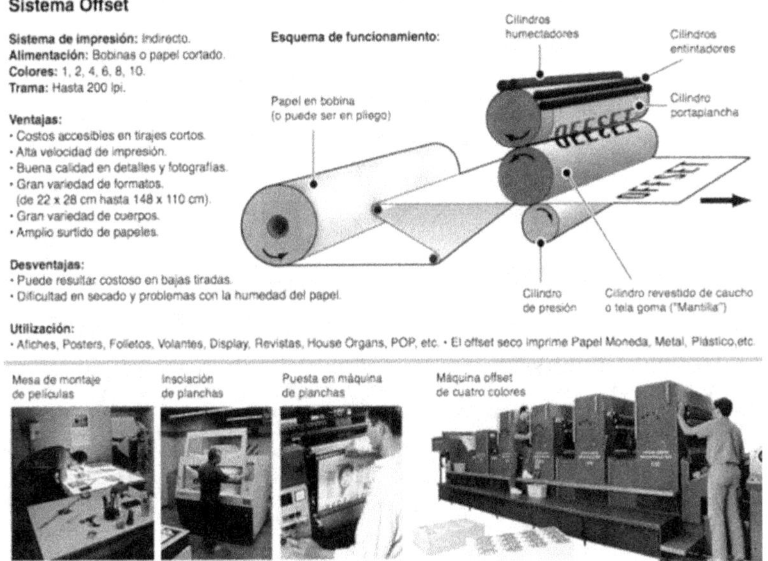

Impresión en profundidad

La forma impresora tiene la imagen a imprimir ahuecada con relación al resto de la superficie. Estas áreas ahuecadas se rellenan con tinta y al entrar en presión, el papel es comprimido contra la forma impresora por un cilindro recubierto de caucho y la tinta impregna las zonas impresoras. El principio en profundidad lo utiliza el sistema de huecograbado (también llamado rotograbado).

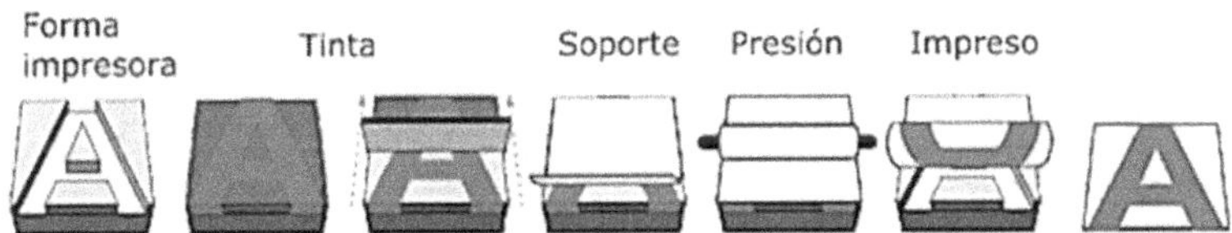

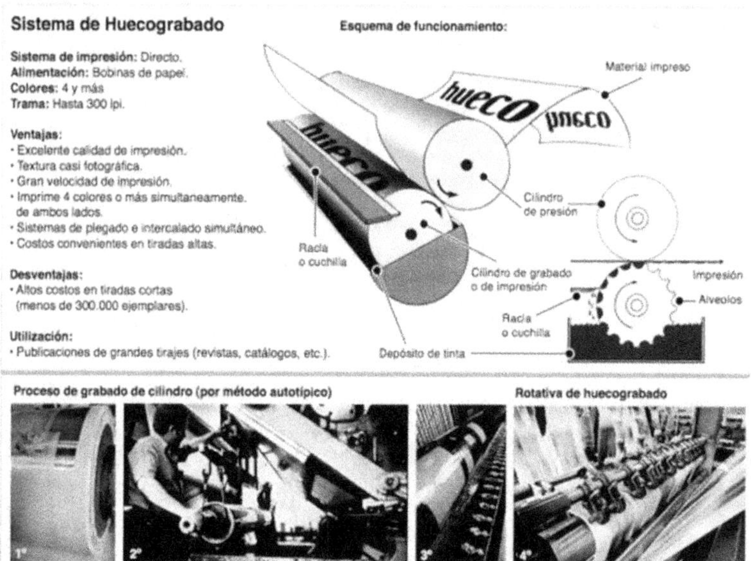

Impresión en permeabilidad o tamiz

La forma impresora es un tamiz tensado en un marco sobre el cual se coloca una pantalla, la misma que tiene caladas las zonas de imagen a imprimir. Al aplicarse, la tinta atraviesa el tamiz sólo en las zonas caladas de la pantalla, imprimiendo así la imagen sobre el soporte.

Este principio por permeabilidad o tamiz lo utiliza el sistema serigráfico.

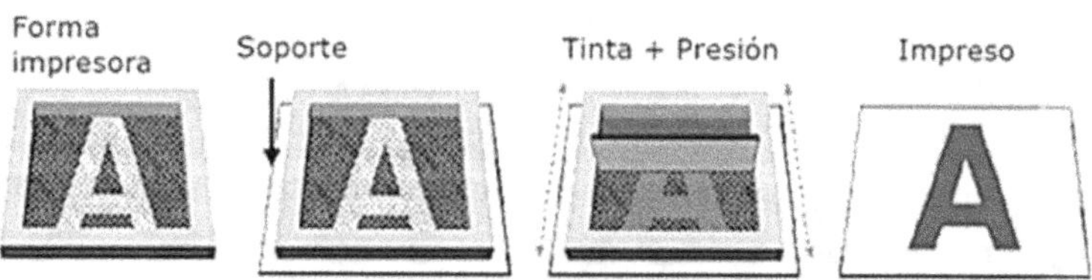

Sistema Serigráfico (Planograf)

Sistema de impresión: Directo.
Alimentación: Papel cortado.
Colores: 1.
Trama: Hasta 133 lpi.

Ventajas:
• Imprime sobre cualquier material
(papel, acrílico, plástico, madera
tela, vidrio, cartón, chapa, etc).
• Las pinturas utilizadas tienen
una alta resistencia a la intemperie
y al paso del tiempo.

Desventajas:
• Su lentitud lo convierte en un sistema costoso.
• Calidad final relativa.

Utilización:
• Ideal para material POP (display, calcomanías,
remeras, carteles de señalización, etc.

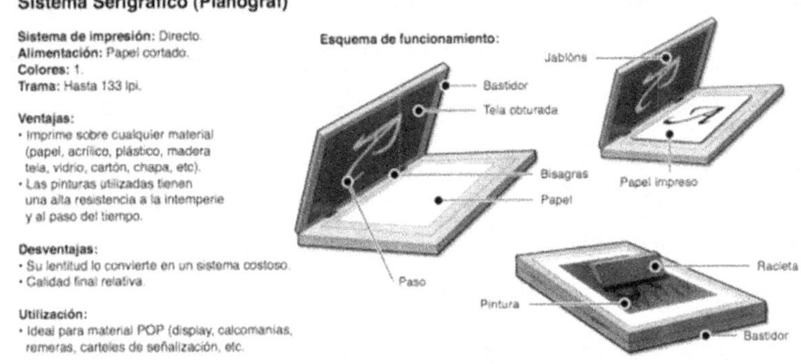

Proceso de impresión:

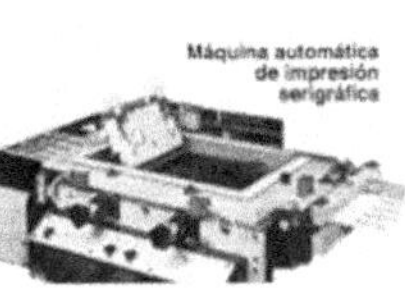

Por la forma de transferir la imagen de la forma impresora al soporte, los sistemas de impresión se pueden dividir en dos ramas, los sistemas de impresión directos y los indirectos.

-Los Sistemas de Impresión Directos. Son aquellos donde la forma impresora, clisé, chapa, rodillo o pantalla, imprime directamente en el material a imprimir sea este papel, acrílico, plástico, PVC o vinil.

-Los Sistemas de Impresión Indirectos. Son aquellos donde la forma impresora pasa la imagen a imprimir a un rodillo y de allí se pasa al soporte, sea papel, platico o cartón. Según las características particulares de cada trabajo, calidad, tipo de soporte, destino final, número de ejemplares necesarios, exige el sistema de impresión más apropiado, lo que hace necesario que conocerlo de tanto sobre su funcionamiento y su aplicación. Se puede realizar una diferenciación entre los distintos sistemas teniendo en cuenta los distintos elementos que intervienen en el proceso de impresión.

-Forma Impresora. Vehículo que transfiere la imagen entintada al soporte final. Según sea la forma, en relieve, plana o en hueco, así se caracterizará el sistema de impresión.

-Tinta. Cada sistema actúa bajo unas tintas específicas; la mayor fluidez o espesor de la tinta condiciona la velocidad del proceso. Las tintas más grasas permiten pigmentos más sólidos, lo que proporciona mayor resistencia a los agentes externos (luz, agua, ácidos) pero ofrece menos tirada.

-Soporte. Cada sistema se caracteriza por el tipo de sustrato sobre el que puede actuar: papel, tela, cerámica, plástico, cartón, metal, vidrio y otros.

Impresión offset vs. Offset digital

Entre el sistema offset y el sistema digital hay unas pequeñas diferencias que han de tenerse en cuenta a la hora de imprimir documentos. Según las necesidades del diseño, cantidad de tirada, acabado u otros, se selecciona un sistema digital o un sistema offset, ya que cada uno de ellos tiene sus peculiaridades, aunque la calidad de la impresión está garantizada en ambos. En ambos casos se trata de máquinas de impresión de alta velocidad, que imprimen sobre papel, cartón y otros. Para el offset, existe el método tradicional basado en el proceso que comprende las etapas de, diseño del impreso (revista, tríptico, afiche, libros), procesado de negativos del impreso (filmado fotográfico), y la insolación de la placa de impresión (por medios fotolitográficos (exposición, revelado, fijado, enjuagado y secado), por último, las placas se montan en la prensa de impresión (son cuatro generalmente, cian, magenta, amarillo y negro), una placa por color, las maquinas offset cuentan con sistemas de registro exacto. Se puede imprimir tirajes de 100,000 ejemplares, consiguiendo mejorar los costos. En resumen, es un sistema que implica una serie de procesos (diseño, pre-prensa e impresión, dando lugar a la manipulación en cada etapa del proceso, su mejor ventaja es que podemos imprimir además de CMYK, colores

Pantone, colores especiales en dorado y plateado, así como, realizar acabados en barnizado sectorizado.

El offset digital; a diferencia del offset tradicional, la prensa offset digital cuenta con un ordenador que graba directamente el diseño digitalizado en la placa, por medio de sofisticados sistemas digitales laser, aquí se realizan los ajustes de registro y color, cuenta con cuatro u ocho placas de impresión, para imprimir ambas caras del papel, son de formato medio, imprimen hasta 15000 pliegos por hora. Su mayor ventaja es ahorro de tiempos en las etapas de diseño e impresión y su desventaja principal, no ser económico grandes tirajes.

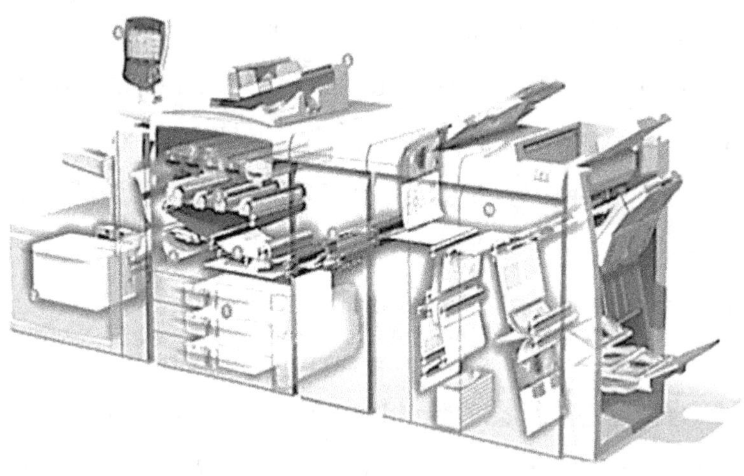

Elaboración de matrices para offset

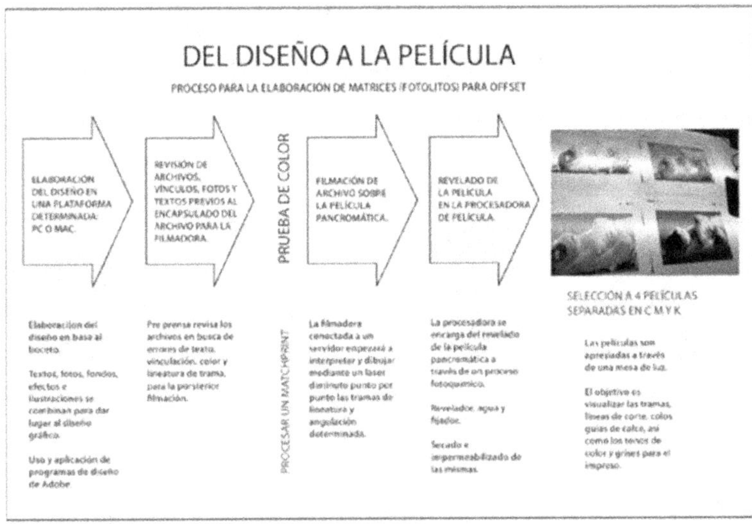

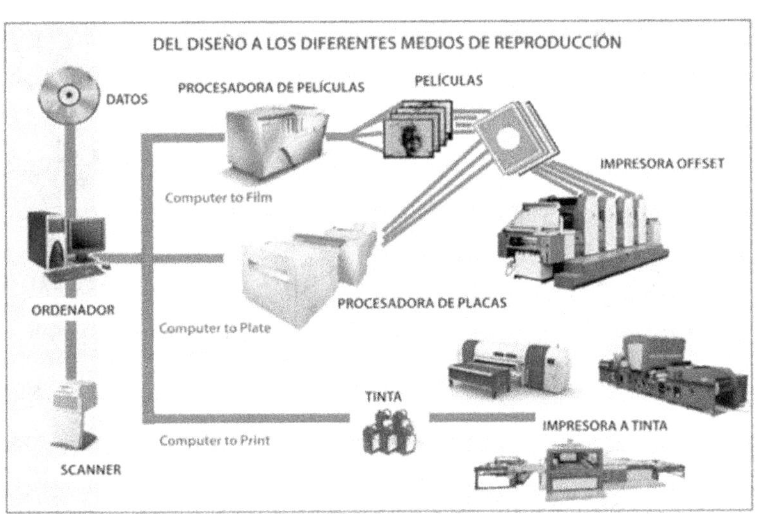

Los archivos

Un trabajo con calidad comienza desde su composición, por lo que se recomienda usar sólo programas de diseño como Corel Draw, Illustrator, Photoshop o InDesign, los cuales permiten la fidelidad de reproducción durante las etapas del proceso de producción.

Son válidos también archivos con los formatos abiertos como TIFF, EPS y PDF, JPG no es recomendable por la pérdida de calidad en la compresión.

TIFF es un formato de archivo informático para imágenes, permite comprimir o no comprimir las imágenes, para la compresión de imágenes sin pérdida de calidad tenemos la opción LZW (compresión sin pérdida).

EPS es un programa PostScript para formato vectorial o gráfico (dibujos esquemáticos, diagramas y diseños en vectores) y no es muy recomendado para imágenes en mapa de bit o fotografías. El formato PDF, es un formato de almacenamiento de documentos digitales independiente de plataformas, software o hardware. Es un formato de tipo compuesto (imagen vectorial, mapa de bits y texto) y permite que el documento se visualice en cualquier dispositivo de salida de gran calidad o se utilice, de manera usual, como formato de transporte e impresión de archivos gráficos en talleres de impresión profesional.

Se debe evitar el uso de paquetería de Office ya que estos programas no suelen mantener un estándar de calidad en los colores, los tamaños ni en las imágenes.

Si el documento contiene fotografías o imágenes en color, se debe verificar los siguientes 3 puntos antes de llevar el archivo:

-Presentación en modelo de color CMYK y no en RGB.

-Resolución de imagen recomendable 300 dpi.

-Tamaño real (al 100%).

Las imágenes de baja resolución (fotos extraídas de internet con 72 dpi) no mejoran su calidad, aunque se les suba posteriormente la resolución a 300 dpi.

Si un trabajo tiene texto debe convertirse de preferencia a curvas (paths), o bien, guardar el archivo de cada una de las fuentes tipográficas que haya utilizado en una carpeta junto con el documento de su trabajo.

El modelo de color CMYK

CMYK es un entorno de color con el cual podemos lograr la descomposición de una imagen en cuatro matrices de películas con lineatura de trama acorde al soporte a reproducirse. El modelo CMYK, permite a la vez, la impresión de esta imagen tramada a través del insolado de las placas o matrices en el sistema OFFSET.

Modelo de color CMYK para procesos de impresión

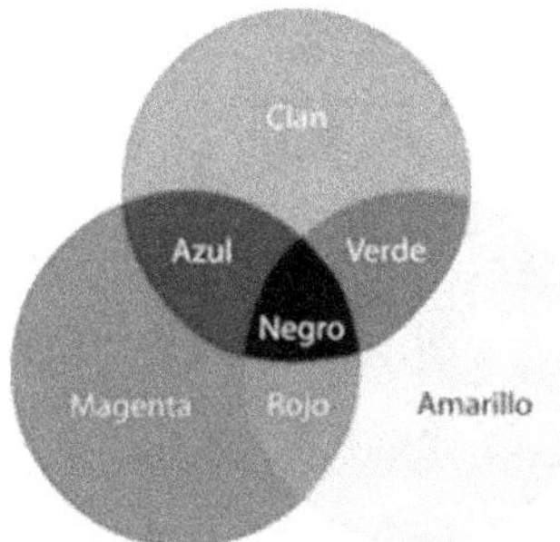

Usando solo 4 tintas (cian, magenta, amarillo y negro) se logra formar una imagen a color verdadero. Para obtener esta imagen a color es necesario la generación de 4 filmaciones (CMYK) con su respectiva valoración tramada y con las cuales se insolará 4 planchas offset, una de cada color. Por último, con estas placas se realizará la impresión del diseño sobre el papel. Vista de una imagen descompuesta en sus 4 canales (CMYK).

La lineatura de trama

Las fotografías reproducen el color mediante tonos continuos, sin embargo, las máquinas de impresión son incapaces de reproducir tonos continuos, por lo cual es necesario tramar las imágenes que van a ser reproducidas. Tramar una imagen consiste en convertir una imagen en una serie de puntos. Aunque las imágenes estén reproducidas en puntos, estos son tan pequeños que el ojo humano es incapaz de percibirlos, consiguiendo la ilusión de que las imágenes están impresas en tonos continuos.

Hay dos formas de lograr semitonos mediante tramas:
-Las tramas de semitonos tradicionales, también llamadas de Amplitud Modulada (AM), utilizan el tamaño del punto para reproducir los semitonos. Los puntos más pequeños simulan los tonos más claros y a medida que el punto va aumentado se van generando las zonas más oscuras, o de sombras.

El tramado tradicional logra el efecto de los
Semitonos mediante el tamaño de puntos

El tramado Estocástico o de Frecuencia Modulada (FM), el tamaño de los puntos es siempre el mismo, en este caso se utiliza la frecuencia, el número, de puntos para generar el efecto de los tonos.

Las zonas más oscuras tienen una mayor cantidad de punto que las zonas de tonos claros.

En el tramado por frecuencia los semitonos no se logran aumentando el tamaño de los puntos, sino su cantidad

La calidad de las imágenes tramadas viene determinada por lo que conocemos como lineatura de trama. La lineatura de trama, expresada en líneas por pulgada (lpi) y a veces también en líneas por centímetro, hace referencia al tamaño de las celdillas donde van situados los puntos de semitono.

Cuanto menor es la lineatura de trama, mayor es el punto de semitono y, en consecuencia, la imagen se verá con menos detalles.

Por el contrario, en imágenes con una lineatura de trama alta los detalles serán más finos.

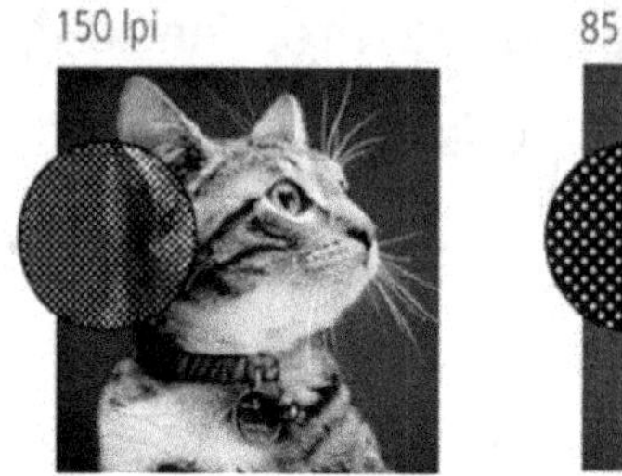

La lineatura de trama puede ir de 65 a 200 lpi dependiendo del método de impresión y del papel que vayamos a utilizar:

-En impresión offset la lineatura de trama va de 65 a 200 lpi.

-En huecograbado la lineatura de trama va de120 a 200 lpi.

-En serigrafía la lineatura de trama va de 50 a 100 lpi.

-En flexografía la lineatura de trama va de 90 a 150 lpi.

En cuanto al papel que se va a utilizar para impresión en offset, se tendrá en cuenta el comportamiento del mismo con respecto a la cantidad de tinta que puede absorber, por ejemplo, un papel periódico absorbe mucho más tinta que un papel couché (estucado), en consecuencia, la lineatura deben ser menor para el periódico y mucho mayor para el couché.

    - El papel prensa se imprime en un rango de 65 a 100 lpi.

    - El papel offset no estucado se imprime en un rango de 100 a 150 lpi.

    - El papel estucado se imprime en un rango de150 a 200 lpi.

Resumiendo, las tramas son un conjunto de puntos que al distribuirse más o menos separados crean diferentes intensidades de color, cuanto más juntos están, el color es más oscuro y cuanto más separados más claro es el color.

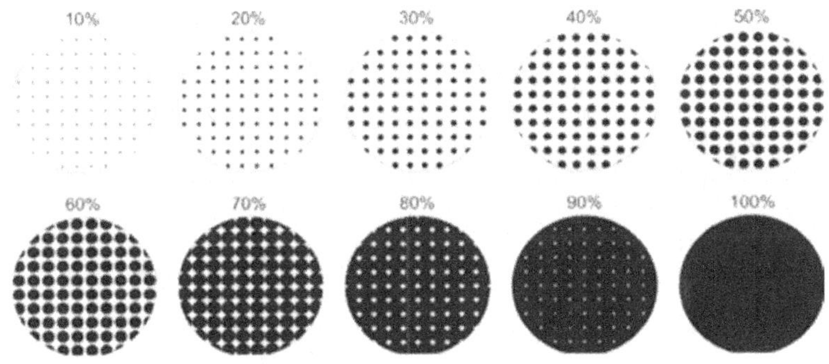

Las tramas son la base con la que las imprentas reproducen las imágenes.

SEMI TONO DE UN COLOR

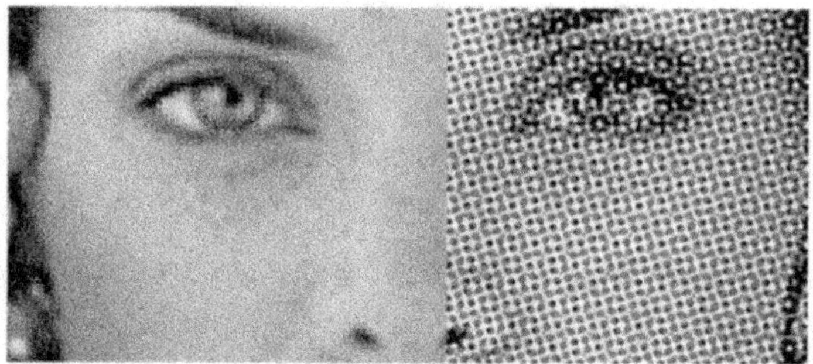

SEMI TONO CUATRO COLORES CMYK

Armado de archivo final

Es imprescindible que todos los documentos que se envíen a imprimir lleven siempre sangres y cruces o marcas de corte.

Las Cruces de corte se ponen porque hay que indicar en la guillotina por donde se tiene que cortar y hay que dejar sangre con mancha de tinta para evitar "filetes blancos" que podrían quedar como resultado de la pequeña desviación que sufren las guillotinas al cortar.

Zonas imaginarias a tener en cuenta para el correcto diseño del arte:

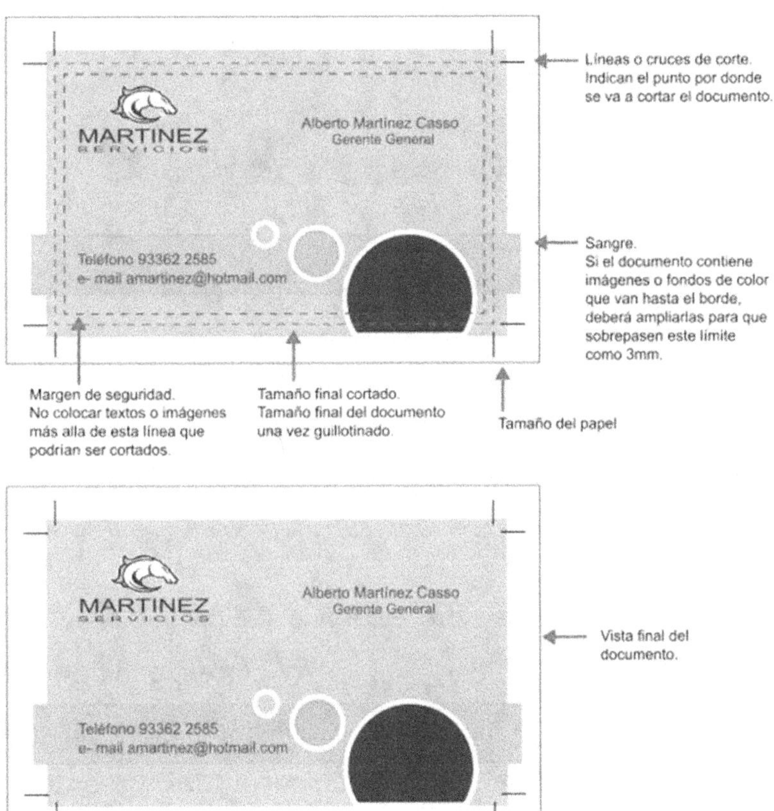

Muestra del armado de archivo final

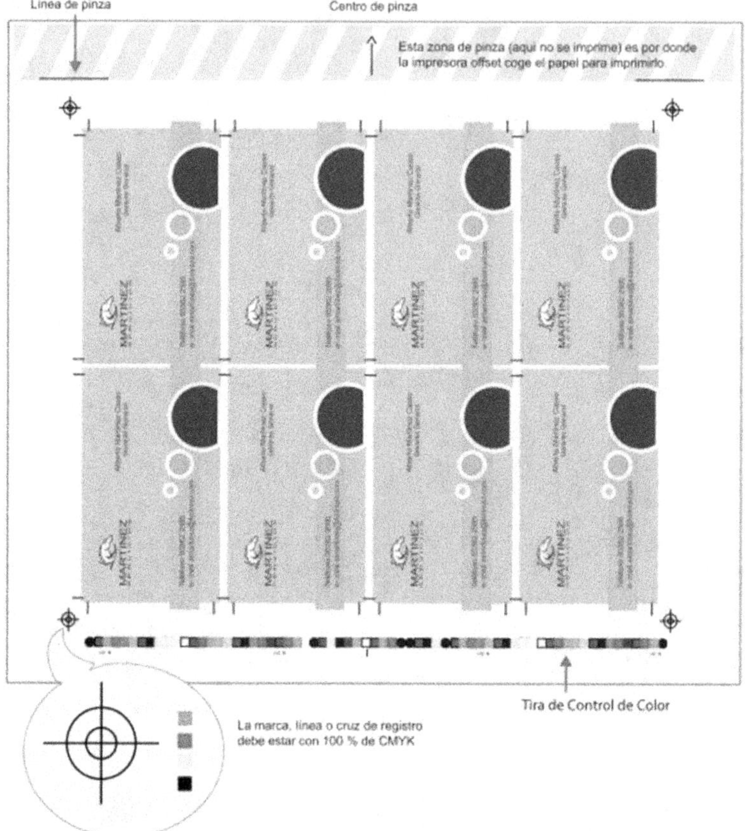

Las Cruces de Registro deben estar presentes en el armado del arte final y el trazo correspondiente al grosor de su línea debe estar entre 0.3 y 0.5 puntos de línea y en 100% de cada color en CMYK, es decir 100 de cian, 100 de magenta, 100 de amarillo y 100 de negro. Las tiras de control de color se sitúan en las áreas de no imagen y a lo largo de toda la hoja de impresión. Las tiras de control combinan campos de tono lleno y diversos campos de trama en las tintas de impresión e incluyen elementos de señalización para el control visual.

Es cierto que las tiras ocupan, por pequeña que sea, una parte del papel, pero siempre debemos incluir una tira mínima que permita controlar la impresión del color mediante el uso del densitómetro.

La densitometría nos permite controlar la calidad del impreso e identificar aquellos problemas que pudieran aparecer durante la impresión.

Las mediciones debemos realizarlas sobre pequeñas muestras representativas que aporten información sobre los factores que afectan al color impreso: como el comportamiento de las tintas, el trapping, la ganancia de punto o aumento del valor tonal y el contraste de impresión.

Errores frecuentes en el armado de archivos
Falta de Cruces de Corte y Sangre

No hay sangre ni cruces de corte y al guillotinar el trabajo cortaremos parte del logotipo y la tarjeta quedará más pequeña que el tamaño diseñado.

Sangre incorrecto

Sobrepasar el Margen de Seguridad

El texto y el logotipo están fuera de los límites del margen de seguridad y podrían quedar cortados al guillotinar.

Imágenes en alta resolución y modo CMYK

Las imágenes deben estar a 300 dpi de resolución (300 puntos por pulgada), en modo CMYK y en formato TIFF al tamaño final de impresión.

Si las imágenes tienen menos resolución o están en otros formatos pueden salir mal impresas, aunque en pantalla se vean bien.

Sobreimpresión

Tener en cuenta que solo se debe sobreimprimir el negro. El resto de colores no deben ser sobreimpresos ya que estos sufrirán una alteración al ser mezclados.

La sobreimpresión es una opción que solo es necesario activar cuando hay un

objeto o texto en tinta negra (o directa: Pantone) sobre un fondo de color.

Al activar la opción de sobreimprimir (relleno/trazo, según sea el caso) en el panel de atributos podemos apreciar como caen las tintas cubriendo toda el área y dando la oportunidad de que el color negro caiga encima de ellas dándole mayor intensidad. De esta manera podemos evitar problemas de registro con esta tinta.

En la imagen se puede observar la ventaja de realizar una sobreimpresión del color negro.

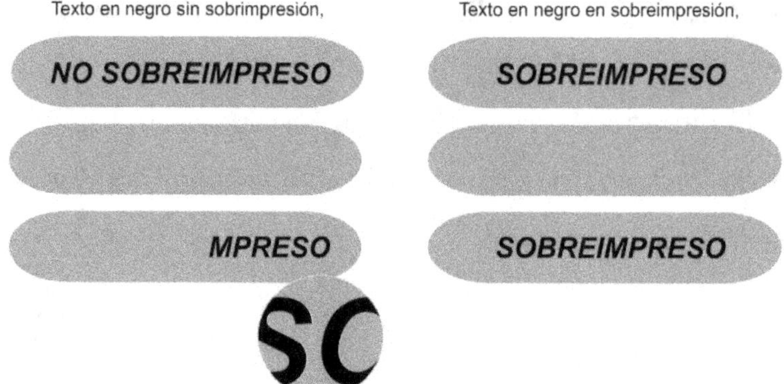

Para conseguir una mayor densidad en los fondos de masa de negro es necesario que éstos vayan reforzados con un 30% de CIAN obteniéndose de esta forma un negro más intenso.

Solapado (Trapping)

El solapado de colores es una medida de seguridad para evitar pequeños desajustes en la impresión provocados por distintos factores. Se ha de tener en cuenta el solapado siempre que el trabajo contenga una tinta plana extra o vaya a imprimirse en tintas planas. A la tinta que ha de aplicarse el trapping, es aquella de menos densidad o más clara. Cuando se superpone objetos que tienen un color en común, el reventado puede no ser necesario si el color común a ambos objetos crea un reventado automáticamente. Por ejemplo, si dos objetos superpuestos contienen cian como parte de sus valores CMYK, al aparecer un espacio vacío entre ellos, éste queda cubierto con el porcentaje de cian del objeto del fondo.

El reventado del texto presenta unos problemas especiales. Se debe evitar aplicar mezclas o matices de colores de cuatricromía a texto de tamaño pequeño, ya que cualquier falla en el registro puede hacer que el texto sea ilegible. De la misma manera, el reventado de texto con tamaños de punto pequeños puede generar texto ilegible.

Creación de un Reventado

El comando reventar crea reventados para objetos simples identificando el objeto más claro (tanto si es el objeto como si es el fondo) y sobreimprimiéndolo (reventándolo) sobre el objeto más oscuro.

El comando Reventar se puede aplicar desde el panel "Buscatrazos" o como "Efecto".

La ventaja de utilizar el Efecto Reventar es que permite alterar los ajustes del reventado en cualquier momento.

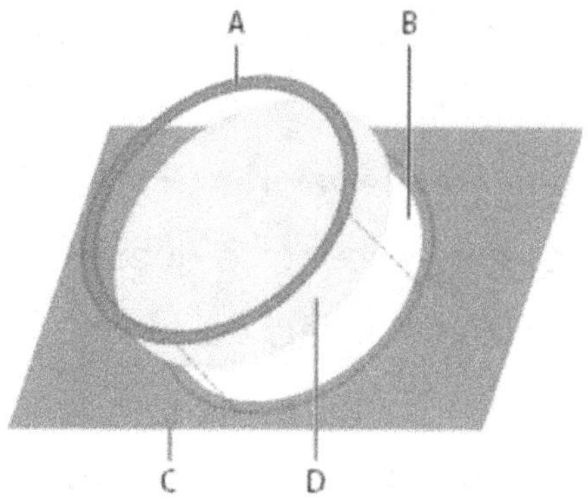

Resultado del comando Reventar

A. Área de sobreimpresión.

B. Área de cobertura.

C. Color de fondo.

D. Color frontal.

En algunos casos, el fondo y el objeto tienen densidades de color similares y ningún color parece más oscuro que el otro. En estos casos, el comando Reventar determina el reventado basándose en pequeñas diferencias de color.

Sistema de impresión offset

Concepto y aplicación

La impresión offset es un método de reproducción de documentos e imágenes sobre papel o materiales similares, consiste en aplicar una tinta, generalmente oleosa, sobre una plancha metálica compuesta generalmente de una aleación de aluminio.

El sistema de impresión Offset, denominado también planográfico, es aquel en el que la imprenta utiliza placas de impresión completamente planas, es decir, la superficie de impresión se encuentra al mismo nivel que el resto. Se trata de un ingenioso sistema que aprovecha del hecho de que el agua y los aceites no se mezclan.

Proceso de impresión offset

Durante la impresión se trabaja con tintas oleosas para las zonas de impresión y agua para las zonas de no impresión.

La zona de la placa, de aluminio o plástico, que contiene la imagen absorberá la tinta repeliendo el agua, mientras que el resto recibirá el agua rechazando la tinta.

Esta placa montada en un rodillo no imprime directamente la hoja, en lugar de ello, la tinta se transfiere a otro rodillo, llamado mantilla, que a su vez será el encargado de entintar el papel.

De hecho, es este rodillo intermedio el que da nombre al sistema de impresión "offset".

La plancha es humectada con agua o una solución polar para que repela la tinta en las zonas de no imagen (zona hidrófila) para que el resto de la plancha tome la tinta en las zonas donde hay un compuesto hidrófobo o apolar (también conocido como oleófilo) con la forma del motivo a imprimir.

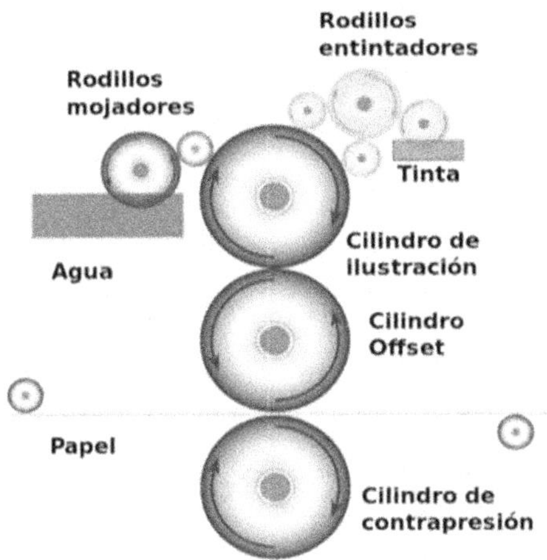

Proceso de impresión offset

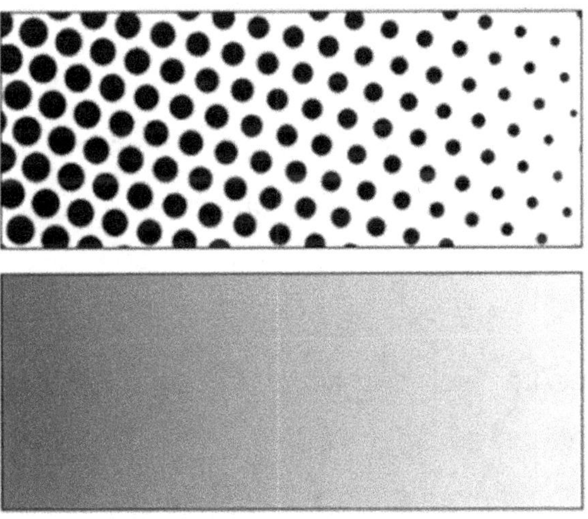

Conversión de las tramas para el uso en Offset

La impresión offset se realiza mediante planchas monocromáticas, de modo que debe crearse una plancha por cada color que, a imprimir, en el caso de la fotocromía o cuatricromía por cada uno de los cuatro colores del modelo de color CMYK se debe generar una plancha.

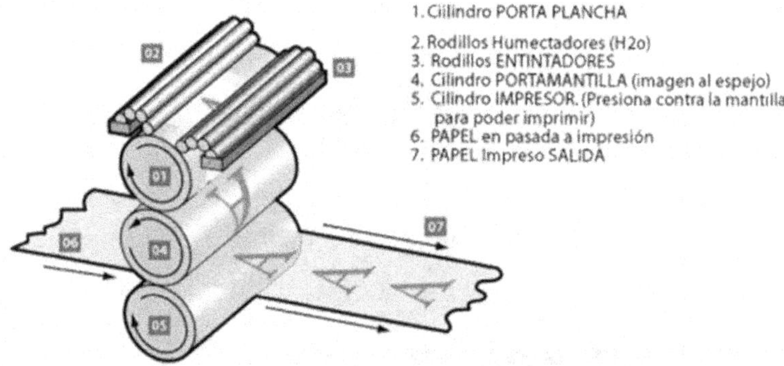

Todas las fotografías (en color o en escala de grises) pueden reproducirse mediante la utilización del proceso de difusión por semitonos.

Actualmente se digitaliza la película fotográfica (mediante un escáner de alta resolución) o se obtiene la imagen mediante fotografía digital.

El área de pre-prensa se encarga del proceso de separación de colores y crea una imagen distinta representativa de cada canal de color.

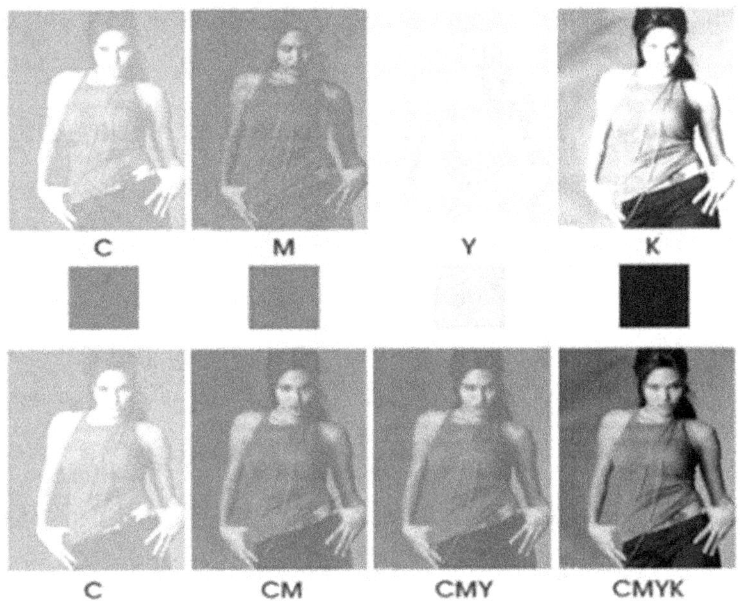

A partir de la imagen separada en 4 películas se procede al insolado de las placas por exposición a la luz, las placas poseen una emulsión sensible lipofílica, la cual es revelada posteriormente al insolado. Otro método de obtención de las placas es la impresión sobre una plancha plástica mediante una impresora láser o la transferencia directa de la imagen a la plancha metálica a través de un láser, mediante un dispositivo digital conocido como Computer to Plate (CTP). Cada una de las retículas de semitono se imprime en un ángulo distinto para evitar al máximo la superposición entre los puntos, sin embargo, las tintas utilizadas tienen un nivel razonable de transparencia con el fin de corregir las imperfecciones en la mezcla por semitonos. En el proceso de impresión para que la plancha se impregne de tinta únicamente en aquellas partes con imagen, se somete a un tratamiento fotoquímico, de tal manera que las partes tratadas retengan la tinta y las partes sin imagen no. La plancha tiene contacto primero con el rodillo mojador, impregnándola de agua y seguidamente con un rodillo de entintado para transferir la zona de tinta al rodillo impresor y de este al papel.

La tinta es un compuesto graso que se repele con el agua y se deposita exclusivamente en las partes tratadas (zonas de imagen). El agua, por el contrario, contiene otras sustancias químicas para mejorar su reacción con respecto a la placa y las zonas de imagen. Finalmente, las imágenes ya entintadas se transfieren a un caucho o mantilla que entra en contacto con el papel a imprimir.

Ángulo de trama de CMYK para el proceso offset

Una trama de medios tonos está compuesta por pequeños puntos ordenados en líneas. El tamaño de los puntos varía en función de los tonos que se quieren simular. Por ejemplo, en las áreas claras estos puntos son pequeños y en las oscuras más grandes. Los puntos de trama se generan por exposición en la filmadora cuya resolución se mide en dpi (puntos por pulgada). Los puntos de exposición están dentro de patrón cuadriculado o retícula denominado celda de medios tonos.

La frecuencia de la trama es una medida que hace referencia al número de celdas de medios tonos por línea. Se expresa en líneas por pulgada (lpi).

Lineatura apropiada según las calidades de papel

PAPEL	LINEATURA
Periódico	65 – 85 lpi
No estucado (Bond)	100 – 133 lpi
Estucado, mate	133 – 170 lpi
Estucado brillante	150 – 200 lpi

Angulaciones de tramas para CMYK

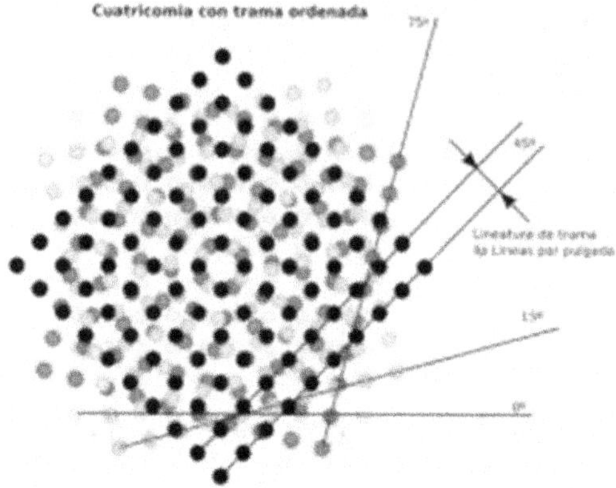

Con la ayuda de una lupa potente o cuentahílos se puede observar las fotografías en blanco y negro o a color y se verá que estas están formadas por pequeños puntos de una misma tinta.

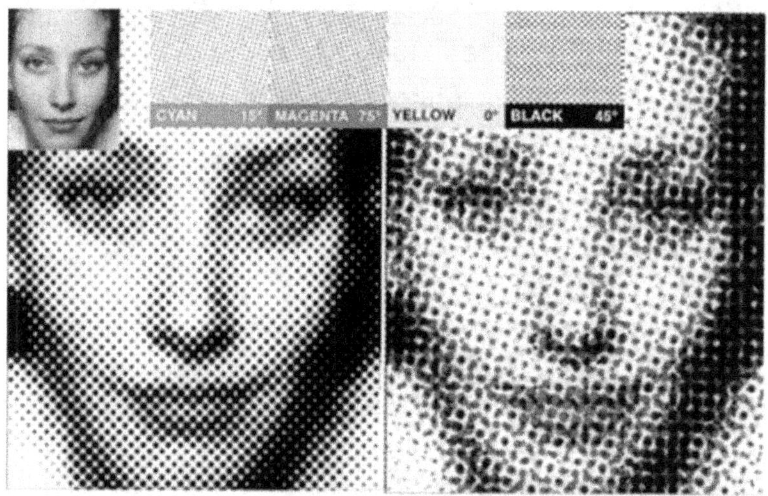

La mayor o menor densidad se logra por mayor o menor presencia de puntos o por puntos de diferente tamaño. En la imagen se puede observar que los puntos están ordenados por la respectiva angulación según la lineatura de trama de cada color. Cada color está compuesto por una trama de pequeños puntos, así, por ejemplo, un verde está formado por una serie de puntos amarillos y azules que el ojo humano mezcla o funde visualizando un tono verde, el cual será más amarillento o azulado dependiendo de los porcentajes de amarillo o azul que contenga.

El Registro Roseta de la impresión offset

Es la forma en que se mezclan las tramas de una cuatricromía (CYMK) de modo que no se superpongan colores (las tintas semitransparentes) que formarán la imagen, pues cada trama tiene un ángulo distinto.

El Negro (K) 45°, el Magenta (M) 75°, el Amarillo (Y) 90° y el Cian (C) 105°. Este proceso de separación de colores puede complementarse con otras tintas planas.

El Moiré en tramas mal empatadas de color se apreciaría formando áreas rectangulares bastante desagradables.

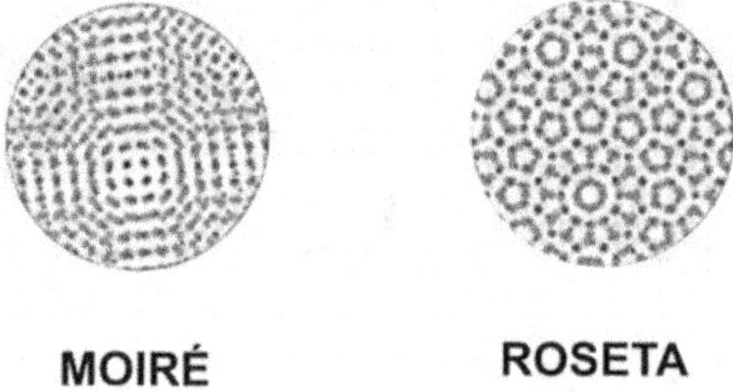

MOIRÉ   **ROSETA**

Registro inadecuado crea Moiré

Registro adecuado no crea Moiré

Formatos y soportes para impresión offset

Tamaños
de papel
DIN - ISO

Formato	Serie A	Serie B	Serie C
Tamaño	mm × mm	mm × mm	mm × mm
0	841 × 1189	1000 × 1414	917 × 1297
1	594 × 841	707 × 1000	648 × 917
2	420 × 594	500 × 707	458 × 648
3	297 × 420	353 × 500	324 × 458
4	210 × 297	250 × 353	229 × 324
5	148 × 210	176 × 250	162 × 229
6	105 × 148	125 × 176	114 × 162
7	74 × 105	88 × 125	81 × 114
8	52 × 74	62 × 88	57 × 81
9	37 × 52	44 × 62	40 × 57
10	26 × 37	31 × 44	28 × 40

La serie RA
Tamaños de
Papel No
Recortada
RA0 a RA4

Tamaño	Ancho x Alto (mm)	Ancho x Alto (pulg)
RA0	860 x 1220 mm	33,9 x 48,0 pulg
RA1	610 x 860 mm	24,0 x 33,9 pulg
RA2	430 x 610 mm	16,9 x 24,0 pulg
RA3	305 x 430 mm	12,0 x 16,9 pulg
RA4	215 x 305 mm	8,5 x 12,0 pulg

	Tamaño	Ancho x Alto (mm)	Ancho x Alto (pulg)
La serie SRA	SRA0	900 x 1280 mm	35,4 x 50,4 in
Tamaños de	SRA1	640 x 900 mm	25,2 x 35,4 in
Papel No	SRA2	450 x 640 mm	17,7 x 25,2 in
Recortada	SRA3	320 x 450 mm	12,6 x 17,7 in
SRA0 a SRA4	SRA4	225 x 320 mm	8,9 x 12,6 in

Los técnicos responsables de la impresión necesitan un margen extra para el manipulado adecuado del papel antes de su entrega al usuario final (margen necesario para que las pinzas de las máquinas offset tomen el papel, los muevan y posteriormente en la guillotina se pueda cortar el margen extra conocido como sangre). Para ello están las series RA y SRA. La diferencia entre ambas series es que la serie RA es más reducida que la SRA, la cual deja un margen más amplio. Ambas series se fabrican en forma de hojas o bobinas.

Soportes para impresión

Las prensas offset tradicionales aceptan infinidad de sustratos con diferentes características y medidas. El tamaño de hoja extendida es por lo regular de 70 x 95cm. Y los soportes pueden ser:

-Papel Bond Blanco.

-Papel y Cartulina Bond Blanco 100% Reciclados.

-Papel y Cartulina Couché Brillante.

-Papel y Cartulina Couché Semimate.

-Papel Couché Autoadherible Brillante y Mate.

-Papel Couché Autoadherible para aplicaciones especiales.

-Cartulina Opalina.

-Papel Autocopiante.

-Cartulina Sulfatada.

-Cartulina Eurocote.

-Cartulina Brístol.

-Cartón Caple.

-Polyester Flexible Transparente con Adhesivo Permanente.

-Papel Sintético Polypap con Adhesivo Permanente.

-Papel y Cartulina Sintéticos Polypap.

-Sustratos para Aplicaciones Especiales.

Ganancia de punto

La ganancia de punto es un factor que se produce en los sistemas de impresión. Los puntos de trama aumentan de tamaño y pueden afectar en gran medida al resultado final, tanto del color como del contraste, e incluso a la apariencia de la tipografía. Se llama ganancia de punto al incremento en los valores tonales del punto de trama, es decir, la superficie relativa que ocupa la trama y su reacción en los diversos procesos gráficos por los que atraviesa. Sus efectos se manifiestan al transferirse la tinta desde la forma impresora a la mantilla de caucho y de esta al papel. La tinta se expande al ser presionada en la zona de contacto entre los rodillos de la máquina y los puntos de semitono se agrandan ligeramente, lo que origina manchas de color e imágenes más oscuras.

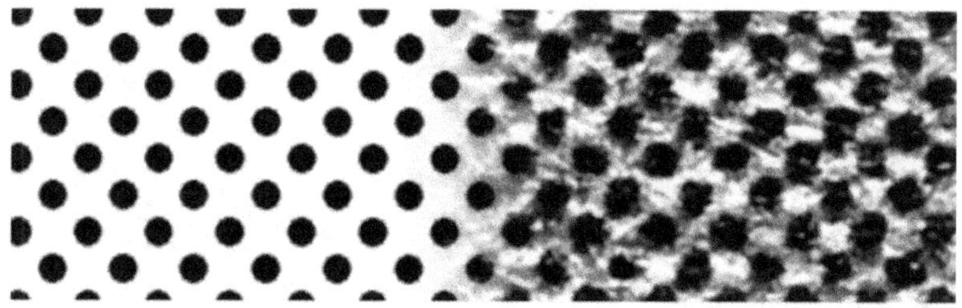

Trama en plancha   Trama en impreso

Entre los factores que influyen en la ganancia de punto se encuentran el tipo de papel, el proceso de impresión y la lineatura de trama. El papel no estucado suele generar una ganancia de punto mayor que el estucado y en el papel prensa es aún mayor. Los fabricantes de papel suelen proporcionar información acerca de la ganancia de punto de sus productos. El tipo de proceso de impresión también influye en el grado de ganancia de punto. La impresión offset en rotativa, por ejemplo, se caracteriza por una ganancia de punto mayor que la que se produce en la impresión offset por hojas (imprimiendo sobre el mismo papel). La lineatura de trama también influye en la ganancia de punto al igual que el papel y el proceso de impresión. Cualquier incremento de densidad de la trama siempre genera una ganancia de punto algo más acentuada. Para controlar la ganancia de punto en la impresión se utiliza el densitómetro. Este instrumento es básicamente una fuente de luz que apunta a una celda fotoeléctrica la cual determina la densidad de la muestra a partir de diferencias en las lecturas.

Hay dos tipos de densitómetros: de reflexión (utilizado para superficies opacas) y de transmisión (utilizado para superficies transparentes).

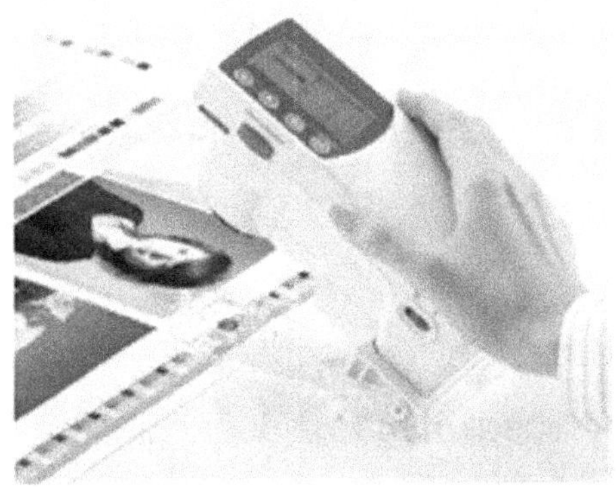

La medición se realiza sobre elementos que contienen parches individuales sólidos o campos de tono lleno y porcentajes de trama de cada uno de los colores y de las sobreimpresiones, llamados "tiras de control". Las tiras de control contienen también elementos que permiten evaluar visualmente los defectos de impresión como corrimiento o doble impresión. El porcentaje de punto nos hace tener en cuenta la ganancia de punto, que es el comportamiento de un proceso de reproducción, en cuanto a la variación entre el porcentaje de punto del original y el porcentaje de punto de la reproducción.

Para conocer la ganancia de punto, se coloca el densitómetro sobre los parches de trama establecidos para ello.

Las tiras de control suelen tener parches con tramas entre el 40% y el 80% de rango de color.

La ganancia de punto afecta la calidad de impresión y su control es absolutamente esencial.

Control y estabilización de los procesos

Durante los últimos años, la llegada al sector gráfico de estándares internacionales orientados a la calidad de la reproducción como la Norma ISO 12647. Los conceptos como la gestión integral del color en los flujos de producción, han contribuido a generar una cultura de calidad en el mundo gráfico donde el producto impreso se basa principalmente en los procesos de pre impresión, como la utilización de perfiles ICC, la obtención de una prueba de contrato, la generación de página en formato PDF o la correcta utilización de materias primas como el papel y la tinta en una proporción adecuada llamada densidad óptima. El control de las condiciones de máquina es esencial en un concepto de calidad orientado a ofrecer productos y servicios de una calidad consistente y de mantener los sistemas productivos dentro de límites de variación aceptables, lo que hace necesario la definición e implementación de procedimientos y ensayos de control técnico de las diversas variables mecánicas y electrónicas intervinientes. Es decir, asumir una política de control de procesos.

Sistema de impresión digital

Concepto y aplicación

El offset digital es un proceso donde todos los documentos electrónicos pueden ser transferidos digitalmente desde estaciones de trabajo (CPUs) a prensas digitales como la Indigo y la Docucolor, por ejemplo.

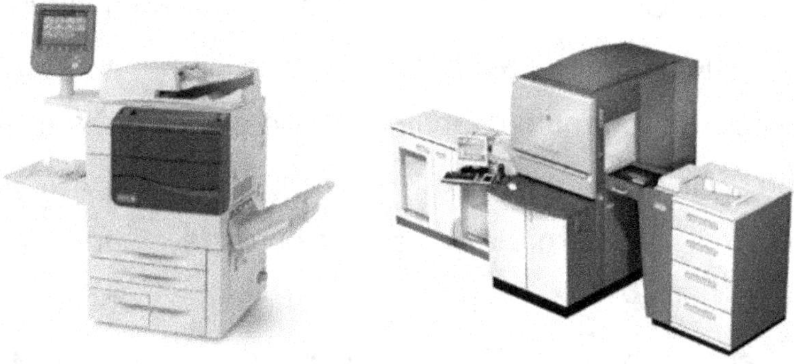

Los procesos como: las salidas a negativos, pruebas de color y quemado de placa, son términos que no se utilizan en esta técnica de impresión digital y, por consiguiente, los costos por estos procesos quedan eliminados. En apariencia, el Offset digital es similar al offset tradicional, pero en realidad no son iguales. Algunos proyectos gráficos solo se pueden imprimir en offset tradicional, como por ejemplo la aplicación de tintas especiales metálicas o fluorescentes en el impreso. Las diferencias del offset digital sobre el offset tradicional se encuentran en estas características:

-Tiempo.

-Calidad de impresión (lineatura).

-Personalización de piezas.

-Economía.

La sencillez de operatividad de las impresoras digitales permite una rápida adaptación y aceptación, además cuentan con un programa especializado que permite dar algunos acabados como:

-Doblados.

-Engrapados.

-Encartes.

-Perforados.

-Laminados.

-Engargolados.

La operación de las prensas digitales es a través de un CPU, se puede seleccionar varias opciones como el tamaño de la hoja, los colores, la calidad, cortes, orientación de gráficos y la cantidad de impresos. Algunas máquinas imprimen desde 4 mil hasta 8 mil hojas a color y no necesitan secarse al aire, en caso de tirajes de menor cantidad imprimen de 1 hasta 5 mil piezas. Se puede utilizar en la impresión tanto el color procesado en CMYK como las tintas directas de Pantone. Son ideales para los impresos en general con datos variables y personalizados: tarjetas de presentación, posters, agendas, reportes, comunicados de prensa, dummys y prototipos en general.

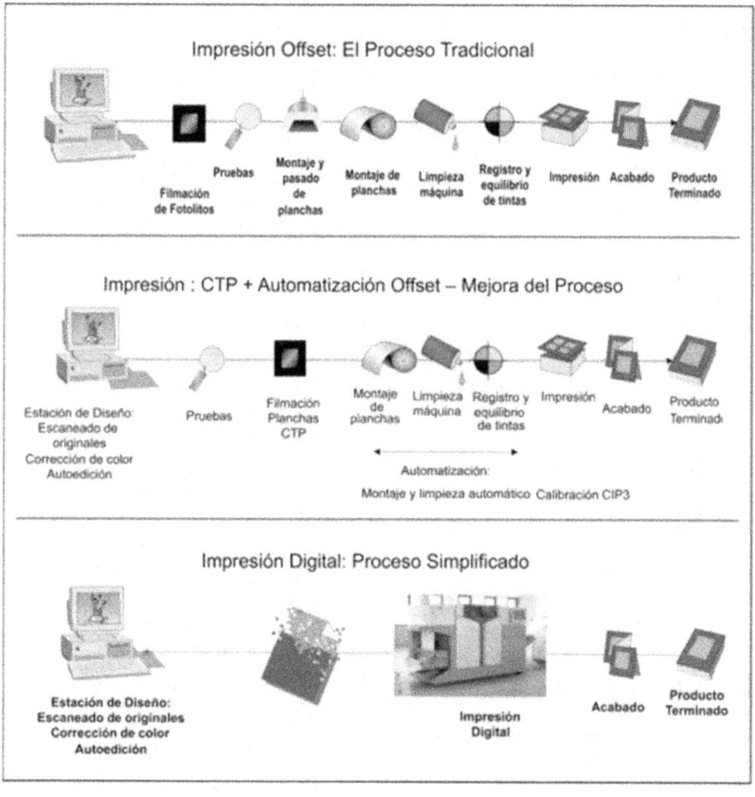

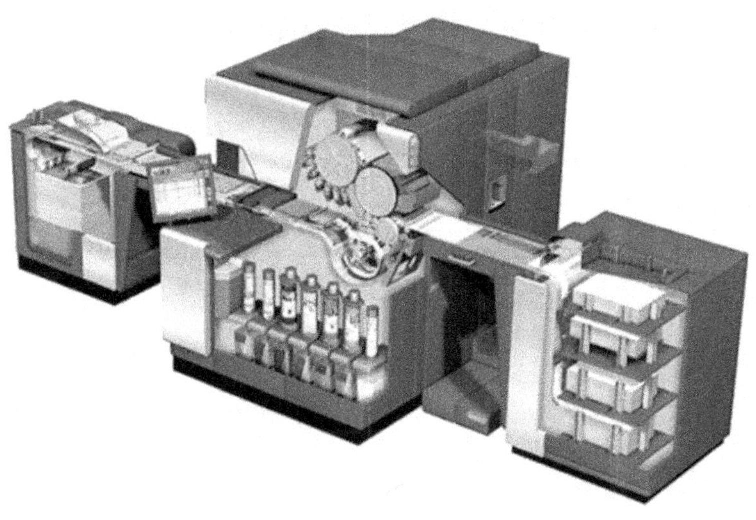

Características

-Los costos de negativos y placas quedan eliminados.

-La constancia del color en cada página que se imprime será totalmente igual a la siguiente.

-Los tiempos de impresión son cortos, la impresión de tirajes varía según la cantidad, entre unos minutos o algunas horas.

-Es ideal para las impresiones sobre demanda (Print on demand, imprimir solo lo necesario sin necesidad de almacenar folletos, folders, tarjetas y flyers).

-La personalización de cada pieza crea mucho impacto y atención en el espectador.

Tipos de sistemas de impresión digital

Sistema Computer to Press

El término Computer to Press (CTPress), del ordenador a la prensa de impresión, se utiliza para definir el proceso gráfico en el que las planchas impresoras (clichés, cilindros, pantallas) se preparan directamente en la máquina de imprimir.

La supresión del tiempo de colocación de la plancha en la máquina de imprimir, reduce esa inversión en la preparación de la forma y ajuste de la máquina, pudiendo entonces realizar cortas tiradas (desde unas centenas de ejemplares hasta unos millares) a costes competitivos.

Hoy en día los sistemas Computer to Press han evolucionado en dos direcciones:

-La obtención de una plancha offset que una vez utilizada y realizadas las copias se desecha y se prepara otra en máquina.

-La plancha no se llega a preparar, ya que es sobre el propio cilindro de impresión donde se prepara, o bien por transferencia térmica de un polímero o bien por pulverización de capa oleófila, lo que funcionará como forma impresora y se recuperará al finalizar la impresión.

Sistemas Computer to Print

El término Computer to Print (CTPrint) del ordenador al producto impreso, es utilizado para definir el proceso gráfico en el que una imagen latente (ya que no es visible) es generada en cada vuelta de la prensa de impresión y después es revelada. Cada impresión puede ser distinta, ya que es necesario preparar para cada una de las copias una imagen latente. En estos sistemas tenemos que realizar la "forma impresora" para cada una de las copias a producir, lo que significa un pequeño tiempo de demora de "preparación" de esta "forma", y un fuerte flujo de información para obtener velocidades de reproducción competitivas. Los criterios que sirven para marcar la línea de las prensas digitales para el CTPrint son:

-Aceptación de ficheros PostScript.

-Resolución igual a 600 dpi

Con principio electrográfico

-Con Tóner en polvo. El proceso de impresión se inicia con el cargado electrostático del tambor de manera uniforme y en toda su superficie. Después el tambor gira hasta donde se realiza la exposición por un haz de diodos emisores de luz (Leds). La exposición descarga las partes correspondientes de la superficie y se forma una imagen latente de cargas electrostáticas en la superficie del tambor. Las áreas de imagen que han retenido su carga tras la exposición (las que no recibieron luz) atraen al tóner. El tambor y la imagen giran hasta la zona de transferencia al papel, donde una segunda unidad corona situada en la parte posterior del papel induce una carga electrostática sobre el mismo. Esta carga ayuda mediante simple contacto a transferir el tóner sobre el papel. Después se fija el tóner sobre el papel mediante la combinación de calor y presión.

-Con Tóner líquido. El funcionamiento de los sistemas electrográficos con tóner líquido es semejante a los de tóner sólido. La diferencia significativa está en la constitución del tóner. Las partículas de colorante están suspendidas en un fluido eléctricamente aislante, típicamente un material como la parafina, y son atraídos por las cargas del tambor igual que en el sistema anterior. Como el tóner está en el interior de un líquido es mucho más fácil de controlar y como resultado el tamaño de la partícula puede ser mucho menor que en el sistema anterior, por lo que pueden obtenerse resoluciones sobre papel mucho mejores.

Con principio de chorro a tinta (Ink jet)

El proceso de chorro de tinta (inyección, ink jet) produce color en un soporte por la deposición controlada de finas gotitas de tinta para formar una imagen. Las máquinas de impresión por inyección para uso industrial son bastante diferentes a las de oficina, entre sus cualidades destacan: velocidades altas de impresión, tamaños de soporte superiores con impresión en alta resolución. Tienen una velocidad de impresión 150 metro/minuto, rango de gramajes del papel 65-250 g/m^2, resolución 600 dpi.

Con principio plancha offset

Se basan en máquinas offset a las que o bien automatizan el proceso de realización de la forma (Computer to Plate) y de colocación la plancha en el cilindro porta plancha, utilizan para ello planchas térmicas sin revelado, o bien realizan en el mismo cilindro porta plancha, utilizando planchas de poliéster recubiertas de una capa de silicona que se graba con diodos laser en unos minutos, o bien por la transferencia de un polímero lipófilo sobre la superficie del cilindro porta plancha hidrófilo.

Ventajas del offset digital

-Máxima velocidad de impresión sin preparación previa.

-Óptima para tiradas de poca cantidad.

-No necesita tiempo de secado como en el offset, pudiendo refilarse al instante.

-Apta para impresión personalizada (datos variables).

-Flexibilidad y posibilidad de variar el papel en cada trabajo.

Inconvenientes

-La calidad de impresión de fondos degradados no es tan buena como en offset.

-En los papeles rugosos no se puede imprimir bien porque no penetra el tóner.

-Los Pantone se imprimen por cuatricromía (simulación).

-El registro de una cara con la otra puede variar hasta 2mm.

-Es más delicado en cuanto a acabados.

-Las tramas inferiores al 10% se pueden llegar a perder.

-El color de un mismo trabajo y con la misma máquina puede variar si se realiza la tirada en momentos distintos.

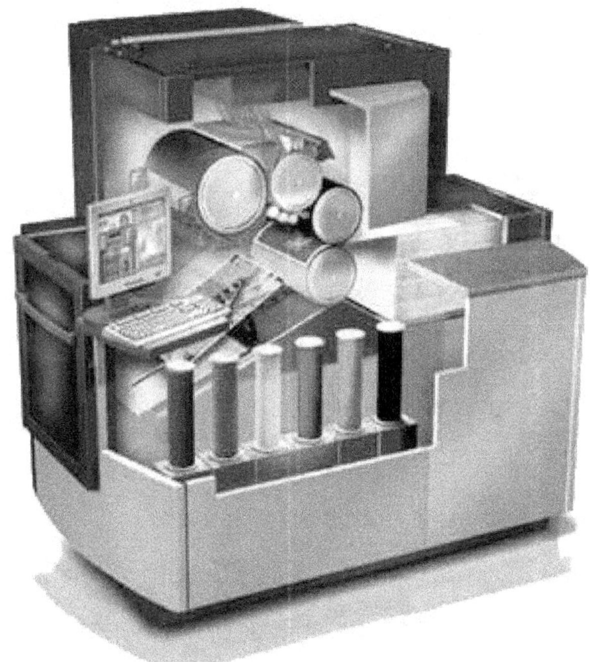

Impresora offset

El papel y su actuación en la impresión offset

Composición del papel

El papel es una delgada hoja elaborada mediante pasta de fibras vegetales que son molidas, blanqueadas, diluidas en agua, secadas y endurecidas.

A esta pulpa de celulosa se le añaden sustancias como el polipropileno o el polietileno o el fin de proporcionar diversas características.

Características del papel

Durabilidad

La durabilidad expresa principalmente la capacidad del papel para cumplir sus funciones previstas durante un uso intensivo y continuado sin referencia a largos periodos de almacenamiento.

El papel puede ser durable al resistir un uso intensivo durante un tiempo corto, pero no permanente, debido a la presencia de ácidos que degradan lentamente las cadenas celulósicas.

Estabilidad dimensional

Capacidad del papel o cartón para retener sus dimensiones y su planidad cuando cambia su contenido en humedad, por ejemplo, bajo la influencia de variaciones en la atmósfera circundante. Un alto contenido en hemicelulosas promueve el hinchamiento de las fibras y su inestabilidad.

El papel se expande cuando está húmedo y se contrae cuando está seco.

Debido a su capacidad de absorción (naturaleza higroscópica).

Resiliencia

Capacidad del papel para retornar a su forma original después de haber sido curvado o deformado. La presencia de pasta mecánica en la composición confiere dicha propiedad.

Flexibilidad o capacidad de "ceder"

La hoja de papel es una plancha de fibras enredadas no rígida. Se puede curvar -con frecuencia hasta un extremo sorprendente- antes que las fibras de papel se quiebren (como en un plegado), o se separen entre sí (como en un desgarro).

Capacidad de absorción

En su capacidad de absorber, la celulosa tiene una afinidad natural con el agua, y todos los papeles son higroscópicos por naturaleza. Una hoja de papel es una estructura porosa, constituida por fibras huecas, que generan agujeros y poros al cruzarse y ligarse entre sí. Siendo poroso, el papel puede absorber, las fibras papeleras aceptan con facilidad anilinas y pigmentos y el papel puede fabricarse en varios tonos y colores.

Texturas de su superficie

Algunas hojas son suaves como la seda y otras muestran una textura rugosa, con líneas bien espaciadas y superficie rústica. Esto depende del grado de textura de la superficie del molde usado para su fabricación y del posterior proceso de secado y prensado. Las cargas y recubrimientos como la arcilla que se agregan con frecuencia al papel para sellar los poros entre las fibras, cumplen un rol similar al de los "fondos" en la pintura al óleo: aumentan la lisura del papel y su receptividad a la tinta y alteran la reflectancia de su superficie.

Dirección de la fibra

La orientación predominante de las fibras en una hoja, determina la fuerza y estabilidad de ésta. Cuando el papel es producido artesanalmente, el fabricante agita el molde en todas direcciones, logrando que las fibras se crucen y liguen uniformemente en todas direcciones. Cuando el papel se produce a máquina, las fibras -transportadas a gran velocidad sobre una malla- se alinean paralelamente a la dirección en que ésta corre.

Para los más expertos con solo mirar el papel ya saben cuál es la dirección de la fibra en una hoja de papel. Conocer esta propiedad es muy importante para muchos procesos: encuadernados, troquelados, hendidos, impresión. Hacer las cosas "a fibra" o "a contra fibra" es una decisión muy importante. Hay tres métodos básicos para comprobar la dirección del papel.

-Rasga una hoja de papel en su centro. Si al rasgar, el corte es recto, implica que es paralelo a la fibra del papel. Si en cambio es oblicuo, implica que es perpendicular a la fibra del papel.

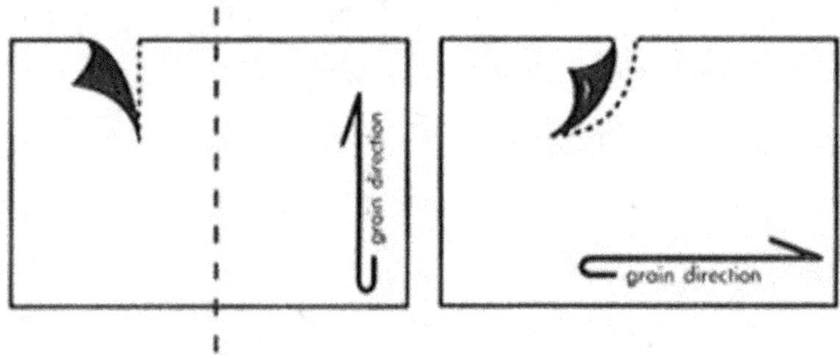

También se puede comprobar utilizando el método "prueba de agua". Corta dos tiras de papel como se muestra en la imagen de la izquierda. Tira un poco de agua uniformemente a lo largo de la tira de papel y espera hasta que las fibras del papel comiencen a encresparse. Si la tira se enrolla a lo largo (imagen superior derecha) quiere decir que la fibra es paralela a lo largo del papel. Si la tira solo se enrolla moderadamente en los extremos (imagen inferior derecha) significa que la fibra del papel es perpendicular a la fibra del papel.

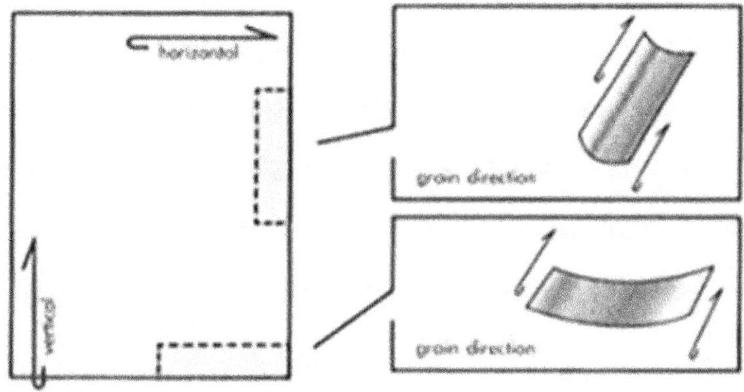

Otra opción es cortar dos tiras de papel. Mantenerlas perpendicularmente entre sí por un extremo y compara.

Si el peso de la tira es menor (imagen superior derecha) significa que la dirección de la fibra del papel es paralela a lo largo del papel.

Si el peso de la tira de papel es mayor (imagen inferior derecha) significa que la dirección de la fibra del papel es perpendicular a toda la hoja de papel.

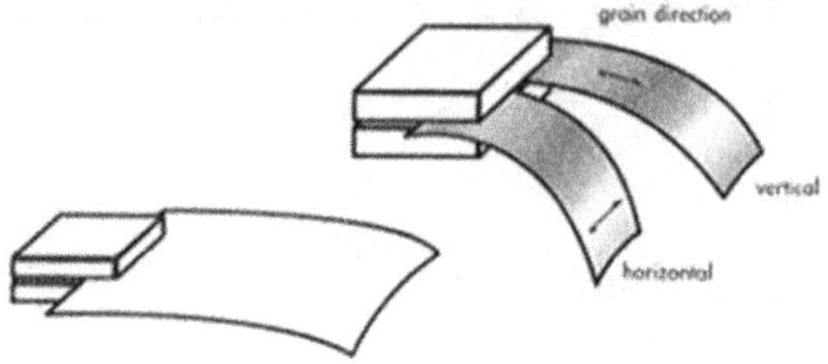

Resistencia al Tiro y al Frote

Cualidad que determina su manipulación. Esta dada por la cantidad de soluciones y tratamiento de la fibra durante su fabricación. Así en los extremos tenemos: papel Higiénico con la menor resistencia, frente al papel moneda que es el que opone mayor resistencia, dado a que función será soportar la manipulación extrema durante el intercambio comercial.

Opacidad

Capacidad del papel, de no traslucir por el lado reverso lo que ha sido impreso por la cara del anverso. Ejemplo: la Biblia a pesar de ser impresa en papel de 35 gramos no trasluce por el reverso.

Formato

Dentro de los formatos de papel, encontramos los tamaños ISO, establecidos por el ISO (International

Organization for Standardization). Estas normas también las encontramos en tamaños DIN. Son las series A, B y C.

Existen otros formatos de papel, llamados no recortados, como las series RA y SRA y los de mayor formato serían los papeles en bobina para las impresoras rotativas.

Tamaños de papel ISO

Formato	Serie A	Serie B	Serie C
Tamaño	mm × mm	mm × mm	mm × mm
0	841 × 1189	1000 × 1414	917 × 1297
1	594 × 841	707 × 1000	648 × 917
2	420 × 594	500 × 707	458 × 648
3	297 × 420	353 × 500	324 × 458
4	210 × 297	250 × 353	229 × 324
5	148 × 210	176 × 250	162 × 229
6	105 × 148	125 × 176	114 × 162
7	74 × 105	88 × 125	81 × 114
8	52 × 74	62 × 88	57 × 81
9	37 × 52	44 × 62	40 × 57
10	26 × 37	31 × 44	28 × 40

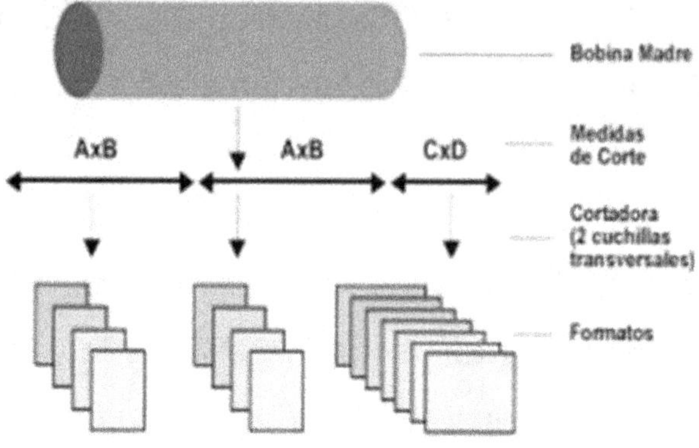

Clasificación del papel

Papeles no cubiertos

A estos papeles no se les aplica ningún tipo de recubrimiento: pueden fabricarse en una cantidad de acabados y colores. Ejemplos: Bond, Opalina y Texturados.

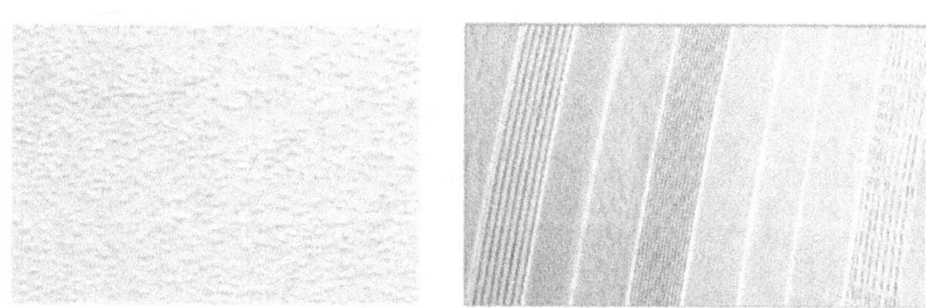

Papeles cubiertos

Son papeles a los cuales se les aplica un recubrimiento en una a en ambas caras con resinas y minerales. Ejemplos: Couché, Cartulina sulfatada.

Papeles estucados

Conocido también como Couché. Utilizado generalmente en revistas, catálogos y folletos. Su principal ventaja es su acabado liso y menos absorbente que el de los papeles no estucados. Permite mejor definición de detalles y un rango cromático más amplio. Además, los acabados le proporcionan mayor resistencia al desgaste.

Papeles con acabados

-Laminado mate: Se añade una capa de plástico mate que cubre el trabajo. El laminado mate brinda un aspecto de color más suave y tiende a quitar brillo al papel.

-Laminado brillante: Se añade una capa de plástico brillante que cubre el trabajo. El laminado mate da mucho más brillo al papel y tiende a intensificar los colores.

Gramaje del papel

Gramaje, se define como la densidad del papel medida en gramos por metro cuadrado. Para aumentar el gramaje, la pulpa que se usa al fabricar el papel debe tener mayor densidad, lo que encarece la producción. Los gramajes imprimibles van desde 60 gramos hasta 350 gramos. El gramaje de referencia es el de 80 gramos, que es el típico de fotocopiadora. También es muy utilizado en el interior de libros. Las tarjetas de visita suelen imprimirse en papel de 300 gramos. También las carpetas de presentación de presupuestos. Una portada de un libro de bolsillo suele ir en papel estucado de 250 gramos, muchas veces con plastificado brillante. Un tríptico o un buzoneo suele ir en papel estucado brillante de 115 o 135 gramos.

Elección estética del papel

-Papel Offset o de Impresión. Son papeles altamente absorbentes por su porosidad de manera que permiten la escritura manual sobre su superficie, aunque no resisten la posterior aplicación de barnizados o de laminados de plástico. Pueden imprimirse con ellos, cartas, sobres, facturas, talonarios, folletos, interiores de libros tipo novela etc. y en sus versiones de mayor gramaje, tarjetas, tarjetones y carpetas entre otros.

-Papel Estucado. Como su nombre indica son papeles cuya superficie ha sido revestida con una capa de estuco que puede presentarse en su forma mate o brillante.

Es un papel altamente reflectante que realza los colores que se imprimen sobre él.

Recomendado para la impresión de catálogos, revistas, folletos, posters, interiores de libros de calidad, etc. y en sus versiones de mayor gramaje, tarjetas, tarjetones, postales y carpetas entre otros.

-Papel Tisú. Papel de bajo gramaje, buena flexibilidad, suavidad superficial, baja densidad y alta capacidad para absorber líquidos. Se usan para fines higiénicos y domésticos.

-Papel Kraft. También llamado papel de estraza o papel madera. Es un tipo de papel basto y grueso de color marrón de elevada resistencia. Se suele usar como envoltura, para sacos, paquetes o para fabricar embalajes.

-Papel Couché. Papel brillante ideal para impresión offset en selección de color. Utilizado generalmente para revistas.

-Papel Verjurado. Tipo de papel de escritura e imprenta, de alta calidad con textura formada por finas rayas longitudinales, visibles a la luz.

-Papel Liner. Papel de gramaje ligero o medio se usa en las cubiertas y en las caras externas de los cartones ondulados.

-Papel (cartón) multicapa. Producto obtenido por combinación en estado húmedo de varias capas de papel, formadas separadamente, que se adhieren por compresión y sin la utilización de adhesivo alguno.

-Papel Fluting. Fabricado expresamente ondulado para proporcionar rigidez y amortiguación, se usa en la fabricación de cartones ondulados.

-Papel Térmico. Se caracteriza por su acabado sensible al calor y porque solo permite impresión monocromo. Se usa comúnmente en Fax y Tickets.

Ciclo de vida del papel

El papel comienza su vida como madera, ya sea desde un árbol que está recién talado, o a partir de trozos de madera de procesamiento de madera. El papel que se hace de toda la madera recién cortada se denomina "papel de fibra virgen". La madera se procesa en paneles en forma de pasta aguada, la cual se blanquea con cloro, dando al producto final un color más brillante. La pulpa de papel se pulveriza sobre unas pantallas, permitiendo que el agua drene y que las hebras fibrosas se unan. La esterilla que se forma es a continuación laminada; primero se pasan entre cilindros para eliminar más agua, y entonces a través de rodillos que unen las fibras entre sí y crean la delgadez uniforme de una hoja de papel. Una vez que el árbol se ha convertido en papel se enrolla en grandes bobinas. Luego, es trasladado a un convertidor, que recorta el papel de diferentes tamaños antes de ser distribuirlo a las impresoras y tiendas.

Reciclaje del papel

El proceso de reciclado del papel, coincide en gran parte, con el proceso de fabricación del papel, con la diferencia de que la materia prima empleada es el residuo de papel. Una vez recolectado el papel a ser reciclado, este es destinado a una industria encargada de realizar el proceso de reciclaje. Uno de los primeros pasos consta de separar las fibras vegetales de las impurezas (metales, alambres). En una batidora industrial se mezcla el papel trozado con agua templada, se calienta y se machaca hasta conseguir una pasta. Se separan las impurezas, incluyendo la tinta y se blanquea nuevamente. Existen diferentes alternativas de blanqueo, las más contaminantes incluyen el uso de cloro, pero hay otras formas menos agresivas de lograr un papel medianamente blanco.

Como existen diferentes tipos de papeles, previamente se realiza una clasificación de los mismos.

El papel más fácil de reciclar es el papel de diario, también el cartón. Los papeles brillantes resultan más dificultosos.

Obtención del papel

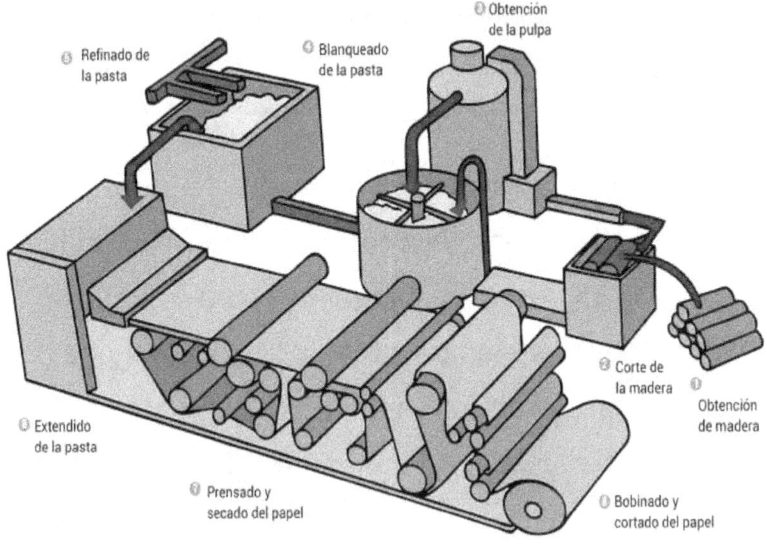

Elaboración del papel

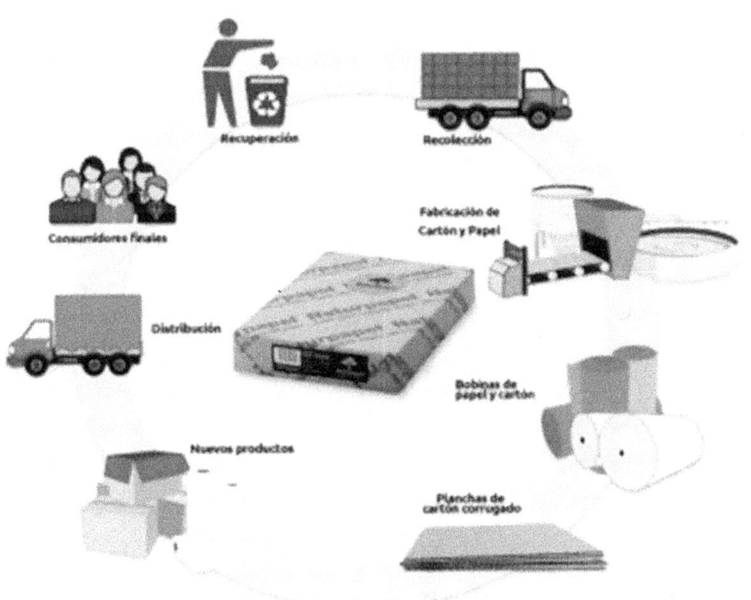

Circuito del papel

Sistema de impresión serigráfico

Proceso de impresión serigráfico

La serigrafía es una técnica de impresión por tamiz y permite la impresión de imágenes sobre casi cualquier material. Consiste en transferir la tinta a través de una malla tensada en un marco, el paso de la tinta quedará bloqueado en las áreas donde no habrá imagen mediante una emulsión o barniz quedando libre la zona donde pasará la tinta. El sistema de impresión es repetitivo y mecánico, es decir, que una vez que el primer modelo se ha logrado la impresión puede ser repetida cientos de veces sin perder definición.

Aplicación

Se sitúa la malla, unida a un marco para mantenerla tensa, sobre el soporte a imprimir y se hace pasar la tinta a través de ella aplicándole una presión moderada con el rasero que es generalmente de caucho.

Técnicamente, la impresión se realiza a través de una tela de trama abierta la cual se encuentra debidamente tensada en un marco de madera o metal, esta tela o malla es emulsiona con una materia foto sensible al contacto con la luz. Para lograr el grabado de la tela o malla, el original transparente se ubica sobre la malla emulsionada y se exponen a la luz por un determinado tiempo, este proceso permite endurecer las partes libres de imagen y ablandar las zonas de imagen en la emulsión de la malla, a continuación, se realiza el lavado a presión con agua el cual diluye la parte no expuesta a la luz dejando esas partes libres en la tela. El soporte a imprimir se coloca debajo del marco, en este se vierte la tinta que es extendida sobre la malla con el uso del rasero permitiéndole el paso al soporte.

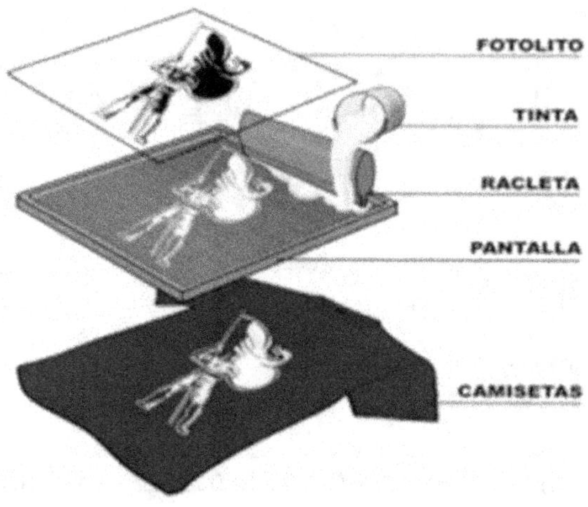

Materiales y soportes para impresión

La malla

La malla con la que trabaja comúnmente en la serigrafía es de material poliéster, nylon o acrílico. El diámetro de los hilos que constituyen la malla es uniforme y pueden ser de distintos grosores; para un trabajo con más detalle es preferible un tejido de malla más cerrado. Para uso textil, la cantidad de hilos se encuentra entre los 18 y los 90 hilos por cm lineal. Para uso con tintas al solvente (impresiones no textiles) como plásticos, madera, metales u otros materiales, las mallas tienen que ser de trama más cerrada, entre 100 y 200 hilos por cm lineal. El color de las mallas varía entre el blanco y el amarillo, estas últimas permiten obtener una mejor calidad en la copia del original dado que no refractan la luz. Estas pueden ser de monofilamento o multifilamento, el monofilamento es más resistente y mantiene el tensado en el marco, otorgando una buena estabilidad dimensional a diferencia del multifilamento que es de baja calidad y poca durabilidad.

Preparación

En la preparación de la malla esta debe estar unida en forma tensa al marco, esta tensión en ocasiones es irregular debido a la resistencia propia de la malla, a la cantidad de hilos o si es montada en el marco de forma manual. Para medir con exactitud la tensión de la malla serigráfica se utiliza el tensiómetro que es un aparato mecánico de presión. Se le conoce también como tensómetro y newtómetro. La medición se efectúa localizándolo en diferentes puntos de la pantalla y los niveles de tensión se expresan en Newton por cm. El tensiómetro se debe calibrar o ajustar para cada tipo de malla según su numeración, calidad y el material de que está fabricada. Después de un largo proceso de preparación, la malla queda completamente estirada y ordenada dándole forma y regularidad.

La tinta serigráfica

En esencia, lo que distingue una tinta serigráfica de otra no es el pigmento sino los demás componentes que permitan su adhesión a los distintos soportes (plástico, tela, metal, madera o cerámica). Algunas tintas tienen mucho más poder cubriente que otras debido a mayor cantidad de pigmento. Tintas plastisol. La tinta plastisol está compuesta de finísimas partículas de resina de PVC, dispersas en un plastificante líquido y otros componentes como pigmentos, antimigratores de color y relleno para dar cuerpo y estabilizadores. Cuando esta tinta es sometida al calor las partículas de PVC absorben el plastificante y se hinchan mezclándose y uniéndose entre sí dando forma a una capa continua llamada elastómero.

Como las tintas no tienen real poder adhesivo no se aplican en materiales no porosos como plásticos, metales o vidrio.

Tintas a base de agua. Las tintas a base de agua poseen una viscosidad mucho menor que los plastisoles y no muestran características de fuerza de desplazamiento lo cual facilita la impresión.

Las tintas a base de agua son ideales para aplicar al 100% sobre telas de algodón tiñéndose las fibras de algodón durante el proceso de impresión.

Tintas ultravioletas. Las tintas ultravioletas (UV) son aquellas que debido a su formulación son capaces de secar en décimas de segundo cuando se les aplica una determinada radiación ultravioleta.

Ventajas de la impresión serigráfica

-Impresión sobre diversos materiales (papel, vidrio, madera, plástico, tela natural o sintética, cerámica, piedra y metal).

-Impresión sobre soportes de variadas formas (plana, cilíndrica, esférica, cónica y cúbica).

-Impresión en exteriores o fuera de taller (paredes, vehículos, puertas, vitrinas y máquinas).

-Permite impresión directa sobre el soporte y también una impresión indirecta, donde primero se imprime sobre una lámina, y posteriormente se transfiere la imagen a un soporte como se da en las calcomanías.

-Obtención de colores saturados, transparentes, fluorescentes, brillantes, mates o semibrillantes.

-Versatilidad de aplicación y bajos costos en equipamiento y materiales.

-Satisface muy bien aquellos tirajes que requieran variedad de diseño.

-Relativa simplicidad del proceso y del equipamiento.

- Es rentable en tirajes cortos y largos.

Muestras de impresión con serigrafía

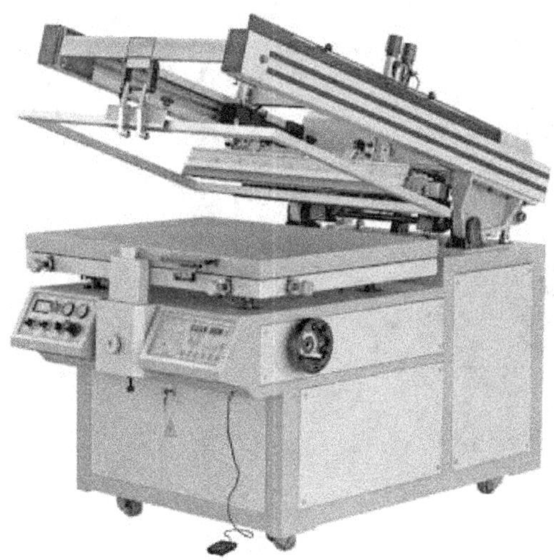

Impresora serigráfica

Sistema de impresión flexográfico

Concepto

La flexografía es una técnica de impresión en relieve, puesto que las zonas impresas de la forma están realizadas respecto de las zonas no impresas. La plancha, llamada cliché o placa, es generalmente de fotopolímero (anteriormente era de hule vulcanizado) que, por ser un material muy flexible, es capaz de adaptarse a una cantidad de soportes o sustratos de impresión muy variados.

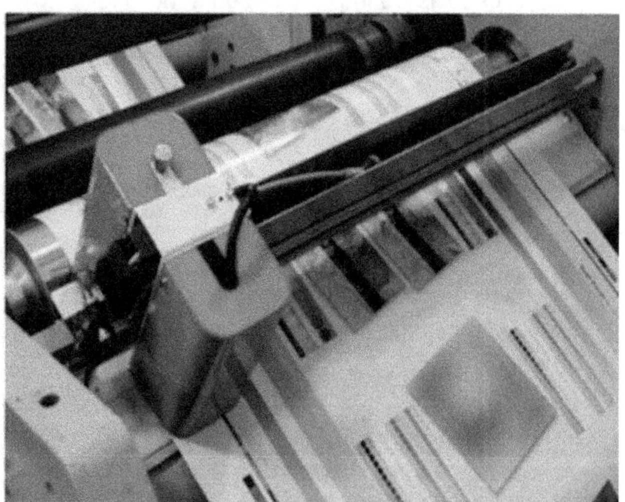

La flexografía es el sistema de impresión característico para casos como los del cartón ondulado y de los soportes plásticos. En este sistema de impresión se utilizan tintas líquidas caracterizadas por su gran rapidez de secado. Esta gran velocidad de secado es la que permite imprimir volúmenes altos a bajos costos, comparado con otros sistemas de impresión. En cualquier caso, para soportes poco absorbentes, es necesario utilizar secadores situados en la propia impresora (por ejemplo, en el caso de papeles estucados o barnices UV).

Usos y aplicaciones

La flexografía es uno de los métodos de impresión más usado para envases, desde cajas de cartón corrugado, etiquetas autoadheribles en rollo, películas o films de plástico (polietileno, polipropileno y poliéster) bolsas de papel y plástico, hasta la impresión de servilletas, papeles higiénicos, cartoncillos plegadizos y periódicos.

Proceso de impresión flexográfico

Las impresoras suelen ser rotativas y la principal diferencia entre éstas y los demás sistemas de impresión es el modo en que el cliché recibe la tinta. Generalmente, un rodillo giratorio de caucho recoge la tinta y la transfiere por contacto a otro cilindro, llamado anilox.

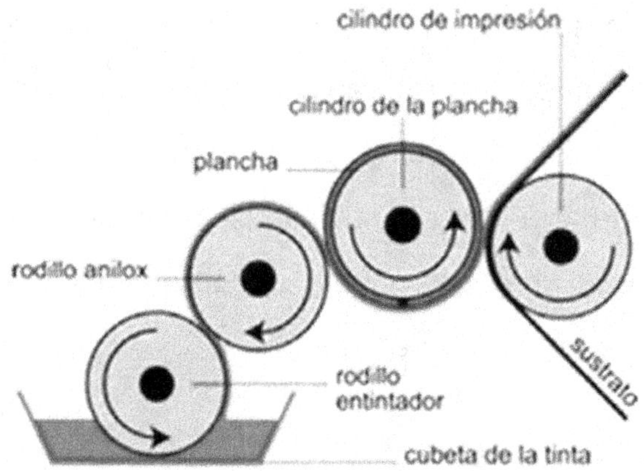

El anilox, por medio de unos alvéolos o huecos de tamaño microscópico, estos están formados generalmente por abrasión de un rayo láser en un rodillo de cerámica con cubierta de cromo, transfiere una ligera capa de tinta regular y uniforme a la forma impresora, grabado o cliché.

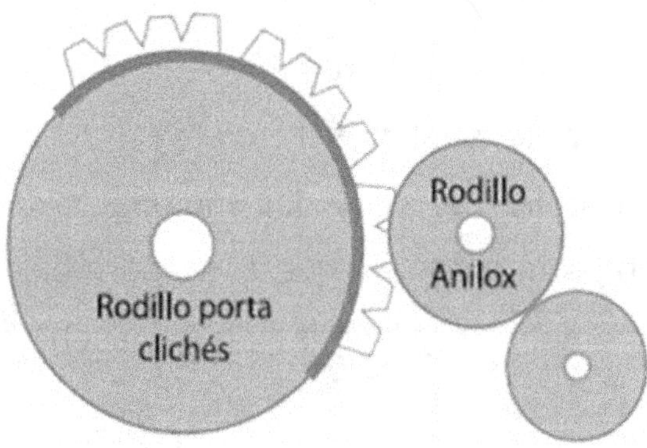

Posteriormente, el cliché transferirá la tinta al soporte a imprimir. La cantidad de tintas que pueden ser utilizada va desde una hasta diez, incluyendo diferentes tipos de acabados como barnices (de máquina, alto brillo o ultravioleta), laminación plástica y estampado de película.

Procedimientos y recomendaciones para elaborar un arte para impresión en flexografía

Para diseñar un empaque para impresión en flexografía, se requiere de un conocimiento amplio de los procedimientos que se necesitan para realizarlos. En primer lugar, se deben conocer las necesidades del cliente, qué tipo de producto se comercializa, si es sólido, líquido o congelado, luego seleccionar el material apropiado para contener el producto y resistir las condiciones internas y externas en las que se comercializa. Cuando se diseña un envase se debe tener la información precisa del producto, la marca, el estudio de mercado, conocer los requerimientos del cliente y lo que se quiere comunicar, tendencias de diseño, así mismo conocer los conceptos básicos que se demandan en flexografía, por ejemplo: la clase de film, si es mono capa, laminado o trilaminado, lo cual determina si es impresión interior o exterior, el pigmento del material, si es transparente obliga a usar una base blanca, el cubrimiento de tinta, la compensación y el tipo de sellado.

En la flexografía los diseñadores muchas veces tienen que encargarse desde el proceso de producción hasta el de separación de colores; estos conocimientos claros ayudan a tener un proceso eficaz, fácil y rentable; se pueden utilizar pruebas de color para aproximarse en un 90% en los colores finales de impresión, caso contrario un error puede resultar muy costoso. La flexografía requiere el conocimiento de varias técnicas como son las tolerancias, medidas que deben ser proporcionadas por los fabricantes, estos datos sirven para determinar los porcentajes de compensación necesarios para la producción del arte final y de la separación de colores. Los porcentajes de compensación son otro de los datos que proporciona el fabricante, para poder reducir el diseño al momento de la separación y que en la realización de las planchas de impresión se obtenga el tamaño necesario. Otro aspecto importante para los diseñadores es el llamado trapping, se trata de expandir y montar un color sobre otro para evitar las fallas de registro en la impresión o si se alargan las mismas debido al envolvimiento o por la cinta doble faz colocada para pegarlas sobre el cilindro principal. Si no se realiza el trapping, en el momento de lograr el producto final impreso, se obtendrá el diseño con todos los colores normales y entre la unión de estos se observará líneas blancas o partes vacías que demuestran la necesidad de rellenar el color, la medida normal va desde 0,3 pt hasta 1 pt.

Recomendaciones para enviar un arte para impresión en flexografía

-Evitar enviar los archivos originales, enviar de preferencia una copia.

-Enviar 2 copias de los archivos con los siguientes formatos:

Copia 1: Archivo con los textos "convertidos en curvas".

Copia 2: Archivo con los textos en su forma original.

-Además de los archivos del arte original, enviar los archivos de todas las fuentes tipográficas que se utilizaron.

-Si el archivo contiene imágenes colocadas tipo EPS, BITMAP o TIFF enviar por separado los archivos de estas imágenes a una resolución mínima de 300 dpi en su tamaño final.

-Adjuntar las fichas técnicas del arte con todas las indicaciones para la reproducción, impresión y acabado del mismo.

Recomendaciones generales

-Tipografía. El tamaño mínimo recomendado 4.5 pts. En estos casos se debe evitar usar tipografía de trazo pesado (bold o negritas) y en textos invertidos evitar usar tipografía de trazo delgado.

-Líneas y trazos. El grosor mínimo recomendado en líneas es 0.4 pts. y el mínimo recomendado en líneas y trazos invertidos es de 0.75 pts.

-Medios tonos y degradados. Los medios tonos y los degradados solo pueden imprimirse en el rango de valores del 100% al 3%. Degradados que caen hasta valores del 0%, no se reproducen correctamente y deterioran la calidad de la impresión. Por ejemplo, un degradado que va del 100% cian al 70% magenta, involucra valores intermedios del 0% para el cian y 0% para el magenta. En este caso se recomienda que el degradado fuera del (100% cian + 2% magenta) al (2% cian + 70% magenta).

-Ganancia de punto. En el proceso de impresión por flexografía, la ganancia de punto es muy alta comparada la impresión como el offset, especialmente cuando se trata de medios tonos claros.

-Solapes/trapping/reventado. Se requiere un trapping mínimo de 0.3pts. y un máximo de 1 pt. para corregir las desviaciones de registro. Se debe evitar elementos pequeños que requieran de un registro extremo.

-Códigos de barras. Evitar que los códigos de barras tengan una altura menor a 10mm. así como invadir las zonas de protección del código de barras con textos o elementos gráficos.

-Imágenes BITMAP, TIFF y EPS. Al incluir en el diseño fotografías o imágenes en formato BITMAP, TIFF o EPS, se recomienda que la resolución mínima sea de 300 dpi en su tamaño final.

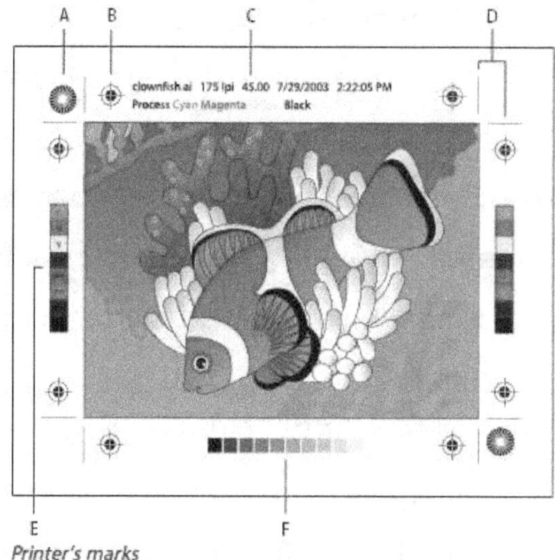

Printer's marks

A. Star target (not optional)   B. Registration mark   C. Page information   D. Trim marks   E. Color bar   F. Tint bar

Marcas de impresión

Impresión y acabados

Hot stamping

Es una técnica de impresión en plano, sin superficie en relieve, o un relieve con laminado de metal, que combina el repujado de una imagen con el añadido de la chapa metálica, por medio de calor, sobre superficies como el papel, el plástico, el metal o cualquier otra.

Este proceso se hizo popular cerca del año 1700 y fue utilizado para decorar libros con hoja de oro. Se realiza a partir de un cuño que presiona una delgada película y transfiere por calor (entre 100° y 300°) el motivo sobre diversos materiales como el cartón, tela, plástico y madera.

El Cuño

Es el diseño hecho sobre relieve en el cual se puede apreciar cómo va a ser la imagen transferida al producto, el mismo se realiza en materiales altamente transferibles de calor como magnesio, bronce, aluminio y polímero. Primero se realiza la impresión de las tintas en un sistema como el offset o serigrafía y por último el Stamping. Los originales deben ser monocromáticos y vectoriales. Si lo tenemos en un formato de imagen lo mejor es utilizar el modo "mapa de bits" en alta resolución.

El Foil

La película o Foil está compuesta por capas de adhesivo activado por calor y suelen ser de aluminio, resina y film de poliéster. Los formatos más utilizados son el metalizado y los holográficos. Para integrarlos en nuestros diseños podemos considerarlos como una tinta directa sobreimpresa.

Proceso de impresión

El proceso de Hot Stamping consta de 3 pasos:

-Se coloca un troquel y se calienta hasta alcanzar la temperatura acorde al material a estampar.

-Se posiciona el foil arriba del material a imprimir.

-Se combina calor, tiempo de permanencia, presión y tiempo de extracción para realizar un acabado perfecto.

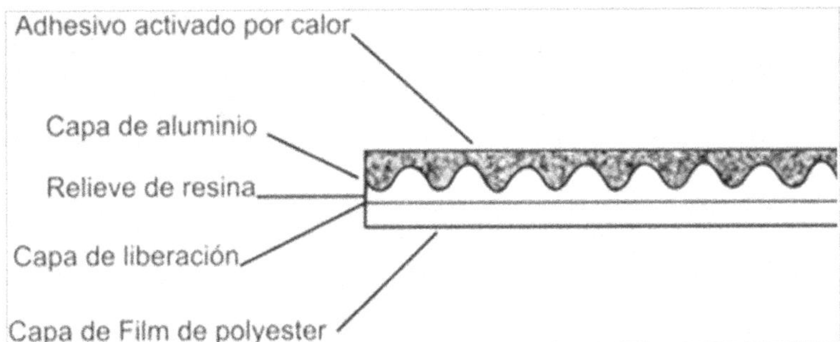

Para la impresión en Hot Stamping se pueden utilizar máquinas automáticas o manuales.

Máquina automática

Puede ser de bovina a bovina o de bovina a pliego, sobre cualquier tipo de papel en blanco o pre impreso.

Los foils pasan transversalmente a la estación y mediante la utilización de la temperatura correspondiente para ese tipo de papel y foil, se presiona el clisé sobre el foil y así se transfiere al sustrato (papel blanco). En la parte posterior de la máquina se recoge el foil sobrante, luego con el rodillo siguiente se aplica un foil de protección y después se troquela. La importancia de la temperatura radica en que está unida a la presión activa del adhesivo del foil y hace que este se transfiera al papel.

Máquina manual

Consiste en una mesa de acero inoxidable en la cual se pone el material que se quiera imprimir.

Se utiliza un clisé de cinc o magnesio que está a la temperatura adecuada y se presiona sobre el material durante un tiempo determinado. Con el termostato se regula la temperatura para la impresión.

El Hot Stamping se puede realizar sobre cualquier tipo de material papel, cuero, plástico, cartón y en ocasiones a vidrio. Se utiliza mucho en artículos de cosmética como estuches de lápiz de labio o botes de crema y similares que se imprimen por rodamiento. Las botellas de sección oval o rectangular se comprimen con presión interior sobre un rodillo troquelado el cual al ejercer amortiguación proporcional sobre el plástico o el vidrio logra imágenes de alta nitidez.

Aplicaciones y acabados

Los estampados en artículos textiles son posibles sin ningún inconveniente, además de estampado en plásticos, vidrios, papel, cartón y pirograbado bajo relieve en maderas y cueros. Lo que distingue al Hot Stamping de otros sistemas de impresión son las tintas, el acabado es más brillante, generalmente es metalizado y también se puede utilizar en la producción de hologramas.

-Sobre Vidrio:

-Sobre papel, cartón, plástico:

-Sobre tela, cuero y madera:

-Stickers y hologramas:

Tampografía

La tampografía (Pad printing en inglés), es un proceso de impresión relativamente nuevo en el ámbito de las artes gráficas y que básicamente consiste en la transferencia de una imagen en dos dimensiones grabada en placas o cliché (placas de tampografia), y transferida por medio de un tampón de silicón a la pieza que se quiere imprimir. Es bueno señalar que es un proceso que lejos de competir con la serigrafía, es más bien un complemento.

Para trabajar en tampografía se utilizan los siguientes materiales y herramientas:

-Máquinas de tampografía (de uno o más colores; manual o semi automática).

-Insoladora (para grabar las placas).

-Placa o clisé de acero o polímero (donde se graba la imagen que queremos transferir).

-Tampones de tampografía (Printing pads).

-Tintas de tampografía similares a las usadas en serigrafía, pero con mayor cantidad de pigmento.

- Juego de llaves hexagonales.

- Solventes.

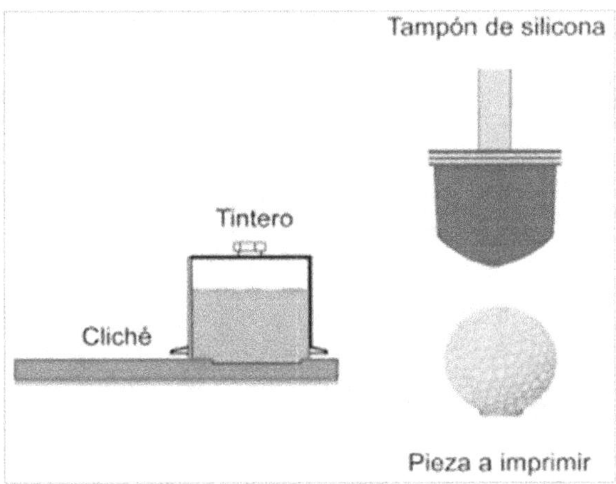

Tampones de impresión

Los tampones son de silicona, de varias formas, durezas y calidades. La materia prima es goma de silicona. El tampón recoge la tinta del cliché, la transporta y la "deposita" sobre el soporte. Para la producción de los tampones, primero se necesita un molde de aluminio pulido, la cual se utilizará para crear un molde negativo. En este molde, se verterá una mezcla líquida de goma de silicona, aceite de silicona y aditivos. Según los requisitos de calidad, la composición variará. Los tampones pueden tener tamaños variados y diferentes grados de dureza dependiendo de la aplicación. Por su suavidad y forma permite la impresión de artículos con características diversas: redondos, cóncavos, convexos, cuadrados, con mezcla de ángulos y con superficies con texturas variadas.

Matrices o clichés

Consiste en una placa metálica o plástica, revestida de una emulsión fotosensible, donde se graba la imagen por un proceso químico formando un huecograbado, esta placa es cubierta de tinta y barrida por una cuchilla, posteriormente un tampón de silicona presiona sobre el grabado de la placa recogiendo la tinta del huecograbado y transportándola sobre la pieza que será impresa por contacto. Este sistema es actualmente muy utilizado para el marcaje de piezas industriales y publicidad. Para la fabricación de estas matrices, se necesita un buen film positivo (la emulsión en la cara inferior). Primero el fabricante del cliché debe crear un fotolito positivo a partir de un diseño gráfico, utilizando una cámara de reproducción o un ordenador. Incluso la producción del fotolito influye en el resultado de la impresión.

Sólo un fotolito perfecto produce un buen cliché y una buena impresión. A menudo es necesario utilizar una trama durante la insolación.

Tintas

Para obtener una calidad de impresión óptima, deben utilizarse tintas de tampografía especiales. Estas han sido desarrolladas en cooperación con los fabricantes de tintas y de máquinas. Estas tintas especiales tienen una gran pigmentación ya que, en tampografía, sólo se transfiere una pequeña cantidad de tinta. Según el campo de aplicación del material a imprimir, los requisitos de la tinta varían enormemente.

Proceso de impresión tampográfico

El proceso de impresión consta de las siguientes fases:

-Entintado del cliché. La espátula extiende una capa de tinta sobre toda la superficie del cliché y una lámina metálica pasa sobre éste, de modo que la tinta queda solo alojada en las incisiones.

-Entintado del tampón. El tampón presiona sobre el cliché y toma la tinta existente en las incisiones.

-Impresión del objeto. El tampón presiona, ahora, sobre el objeto depositando la totalidad de la tinta que había tomado del cliché.

Ventajas

-Gracias al tampón la impresión es flexible, y resistente, las tintas y solventes usados solucionan el problema de impresión de artículos con formas variadas.

-Máximo detalle en tamaños pequeños.

-La maquinaria se puede adaptar para diferentes necesidades.

-Se pueden producir varios tirajes en poco tiempo.

-Excelente calidad, es una copia fiel en la matriz.

-Posibilidad de imprimir sobre superficies planas o curvas, estriadas, convexas, cóncavas y no necesariamente planas.

-La posibilidad de imprimir a todo color.

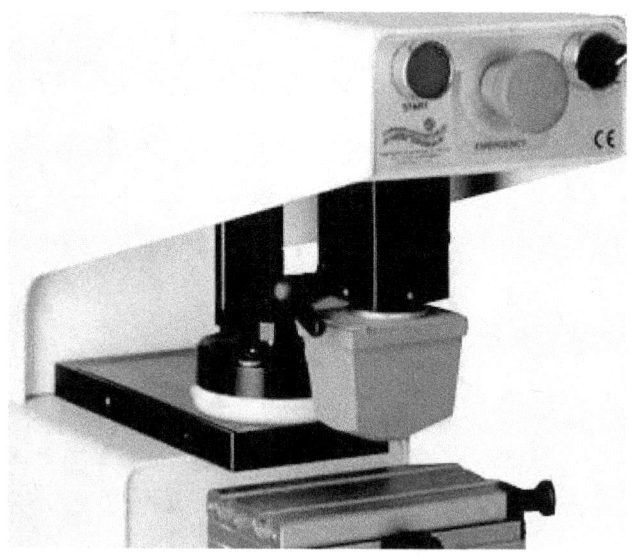

Máquina tampografía

Desventajas

- No se puede imprimir en áreas grandes.

- No se consigue degradados.

- Es una impresión por cada tinta.

Grabados y repujados

El grabado es una técnica de acabado que consiste en imprimir letras o imágenes mediante presión con un troquel y contra troquel sin tinta ni barniz. Puede darse sobre papeles y cartones impresos o no impresos. El grabado en algunos casos es realizado de forma manual como elemento decorativo y personalizado.

Tipos de grabados y repujados

-Grabado en seco o alto relieve. Sistema de realzado a calor. Este funciona en base a estampado a calor, similar al Hot Stamping, pero únicamente da como resultado el relieve, más no el pigmento en el material estampado.

Se llama "en seco" porque no requiere la utilización de barnices ni de tintas.

Bajo relieve en seco. Se realiza la misma técnica anterior y se emplea en folletos publicitarios, preimpresos, papelería con escudos en relieve, carpetas y cubiertas de libros, embalajes y tarjetas. Los formatos que pueden admitir el relieve en seco son papeles y cartones de 80 gr hasta 350gr.

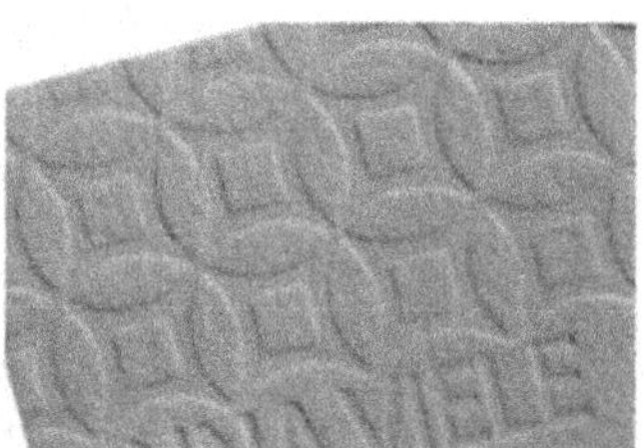

Termorrelieve o falso relieve

Se realiza a través de la aplicación de polvo de termorrelieve, inmediatamente después de la impresión y con la tinta aún fresca. Posteriormente se expone a la cámara de rayos infrarrojos donde la tinta fermenta y aumenta su densidad.

Al secarse la tinta queda cristalizada y forma una superficie de relieve sin dejar huella por detrás del impreso.

Tinta de seguridad ultravioleta

Es una tinta especial que se imprime en offset y solo es posible verla con la luz ultravioleta. Son de secado rápido y se utilizan para sellar sobres, materiales absorbentes como papel, cartón y controles de embalajes. Los billetes utilizan esta técnica, entre muchas otras, para reforzar la seguridad.

Relieve con cuños metálicos

El cuño utilizado es una plancha metálica de acero de 6 mm de espesor, en la cual se graba en profundidad, manualmente y con buriles, el texto y los dibujos escritos de derecha a izquierda como todas las tipografías.

La impresión se realiza llenando con tinta especial lo profundizado y utilizando un balancín se presiona sobre la cartulina o papel para transferir la tinta al soporte lográndose el relieve característico de esta técnica.

Para lograr el relieve se confecciona una "cama negativa" del cuño, colocando el soporte entre ambos, que por presión del balancín se deforma y queda grabado. Para abaratar costos, actualmente el grabado se sustituye por un clisé, realizado mecánicamente en bronce que soporta la presión, aunque no la calidad. El cuño utilizado puede ser de magnesio o acero y son ideales para alta producción y de óptima calidad. También los hay de bronce para grabado con pantógrafo, pero su calidad es inferior.

-Cilindro Gofrador Personalizado (Flexo Steel). Los cilindros con gofrados personalizados se utilizan para aplicar texturas exclusivas en la industria del papel, servilletas, films, cuero y envases plásticos. Su función es aplicar relieve sobre los substratos logrando productos con diseños originales y únicos. Estos productos reciben una capa en cromo duro para el aumento de la resistencia al desgaste.

Marcas de agua

Una marca al agua o Watermark es un dibujo o diseño realizado en el papel durante su fabricación.

Se logran mediante adelgazamiento (marcas lineales) o engrosamiento (marcas sombreadas) de la capa de pulpa mientras está húmeda. Son utilizadas para la autenticación de la información, así como para el seguimiento de copias, ya que permiten la identificación del autor, propietario, distribuidor y/o consumidor autorizado de un documento digital.

Marcas de agua privadas

Dentro de las marcas de agua se pueden distinguir a su vez tres categorías:

-Marcas de aguas auténticas: Son aquellas que se crean comprimiendo (marca de agua ligera) o enriqueciendo (marca de agua de sombra) las fibras de la masa del papel.

-Marcas de agua semiauténticas: Se estampan en el papel aún húmedo una vez que éste ha salido del tamiz.

-Marcas de agua falsas: El proceso se realiza fuera de fabricación del papel, mediante la impresión de un barniz incoloro.

Las marcas de agua se pueden apreciar a trasluz y consisten generalmente del nombre del fabricante acompañado de dibujos geométricos, animales, escudos, entre otros.

Las marcas de agua en un papel se utilizan para identificar y distinguir el origen y procedencia del papel, la firma del fabricante y como elemento de seguridad para evitar falsificaciones de documentos.

Marcas de agua artísticas:

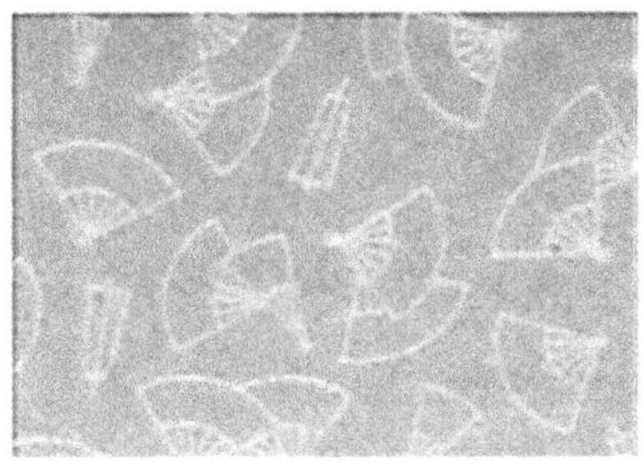 

Marcas de agua de seguridad en billetes:

Marcas de agua corporativas:

Marcas de agua digitalizadas

Se usan como código de identificación, perceptible o imperceptible (visible, no vivible y/o audible).

Se encuentran "incrustadas" en la información y no desaparecen después del descifrado. Contienen información acerca del propietario, los derechos de autor, creador o usuario autorizado, así como también el número de copias o reproducciones autorizadas. La posibilidad de digitalización de cualquier tipo de información (imágenes, video, audio o texto) junto a la interconectividad global, permite realizar copias perfectas de la información digitalizada. Los procesos criptográficos permiten proteger la adquisición legal de la información, así como proteger los derechos del autor. Los actuales sistemas de marcación de agua digitales se basan en introducir la marca en los componentes de la imagen. Algunas veces la modificación debe ser pequeña para no ser percibida a primera vista.

Marca de agua símil relieve

Evaluación:

Principios de la impresión

	ORDEN DE EJECUCIÓN	HERRAMIENTAS / INSTRUMENTOS
01	Reconocer, diferenciar y describir los medios de impresión y su desarrollo gráfico.	Hojas bond Computadora.

Identificar y diferenciar los distintos medios de impresión y su desarrollo gráfico.

1. Impresión en Relieve: Impresión Flexográfico.

2. Impresión en Superficie: Impresión Offset.

3. Impresión en Profundidad: Impresión Huecograbado.

4. Impresión en Permeabilidad: Impresión Serigráfico.

Proceso de ejecución

Identifica los diferentes proyectos gráficos que se pueden realizar en cada sistema de impresión.

1. Identificar los principios de impresión.

2. Reconocer los diferentes sistemas de impresión.

3. Analizar y reconocer el proceso de transferencia de la imagen en los diferentes sistemas de impresión.

4. Mencionar la variedad de proyectos gráficos que pueden realizarse en cada sistema de impresión.

5. Proponer nuevas ideas gráficas en diferentes soportes y medios de impresión.

Evaluación:

Elaboración de matrices para offset

ORDEN DE EJECUCIÓN		HERRAMIENTAS / INSTRUMENTOS
01	Realizar el arte final de flyer para mpresión en offset a 4 colores.	Hojas bond Computadora (Software de diseño - Programa Illustrator y Photoshop)

Elaborar Arte final (matriz) para impresión a 4 colores en Offset.

-Partiendo del boceto, como propuesta gráfica, se debe desarrollar el arte final, el cual debe cumplir con los requisitos de proceso en su elaboración.

-Es importante la identificar y seleccionar el software para el desarrollo del arte, así como para el retoque de las imágenes.

-Las imágenes seleccionadas deben tener la resolución y tamaño adecuado al diseño, así como estar en el entorno de color y resolución indicado.

-Las indicaciones y requerimientos de las demasías en las imágenes a sangre tienen que corresponder a las exigencias del arte, así como las líneas de doblez, corte y registro, que deben estar correctamente indicadas.

-Las fuentes tipográficas correspondientes a los textos se deben de seleccionar y copiar en una carpeta para adjuntar junto al archivo.

-La lineatura de trama de las imágenes debe ser la correcta según el soporte.

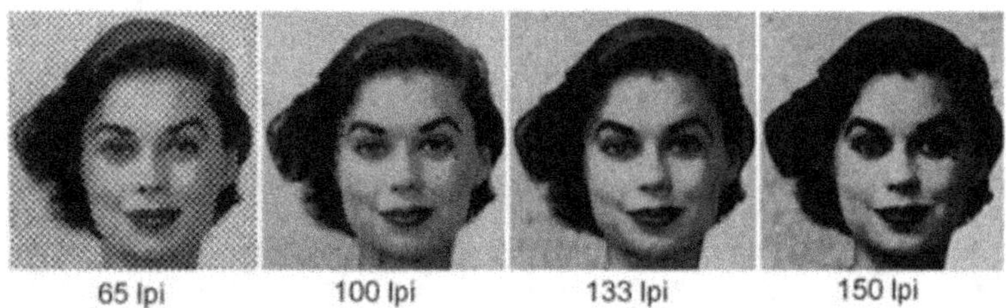

-Es importante revisar y realizar diversas pruebas durante todo el proceso de producción gráfica, especialmente en las etapas iniciales y finales. La revisión de archivos y pruebas permiten detectar y corregir los errores en una etapa determinada, antes de pasar a la siguiente, ahorrando tiempo y recursos.

Proceso de ejecución

1. Realizar la selección de imágenes para su retoque y guardado en el formato adecuado para su posterior uso en el diseño.

2. Gestionar el espacio de color en el programa a desarrollar el arte, así como verificar las dimensiones y medidas del área de trabajo, considerando la demasía para imágenes y colores a sangre.

Programas:

-Adobe Illustrator.

-Corel Draw.

3. Retocar las imágenes según la necesidad del proyecto y verificar la resolución y entorno de color de las mismas.

Programas:

-Adobe Photoshop.

-Entorno de color CMYK.

4. Colocar la resolución de la imagen a 300 dpi y a medida.

5. Colocar los gráficos, logos, datos, textos e imágenes, sobre el área de trabajo verificando y cuidando los objetivos gráficos del proyecto.

6. Colocar las marcas correspondientes al armado del arte indicando los cortes y tamaño final del arte.

7. Realizar la revisión del archivo final, coloca las líneas y marcas de registro, las marcas de pinza y la tira de control de color.

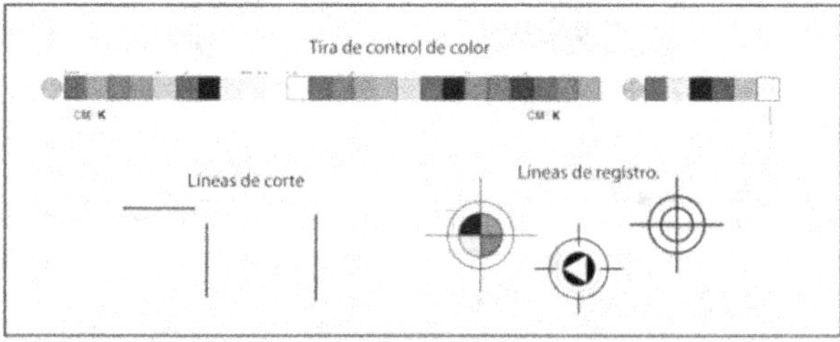

Evaluación:

Sistema de impresión offset

Arte final a 05 colores -CMYK + pantone.   Arte del troquel

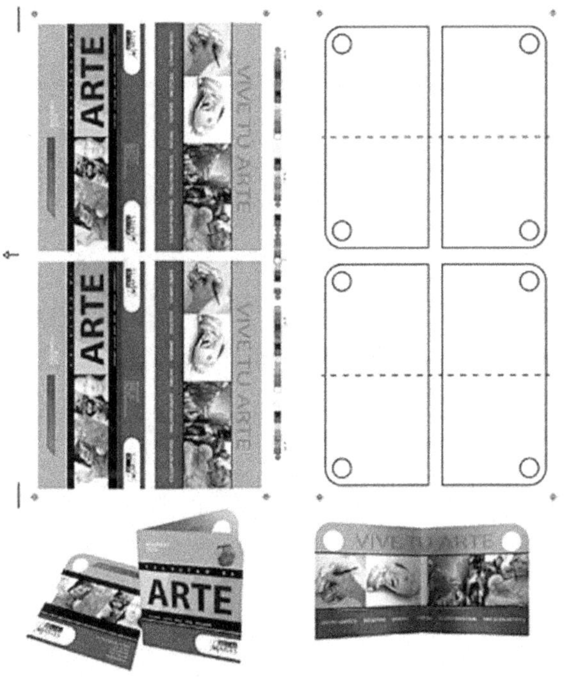

	ORDEN DE EJECUCIÓN	HERRAMIENTAS / INSTRUMENTOS
01	Realizar diseño y arte final para folleto bifoliar en 05 colores -CMYK + color pantone-.	Hojas bond Computadora (Software de diseño - Programa Illustrator y Photoshop) Pantonera
02	Realizar trazado de troquel.	
03	Revizar arte final.	

Realizar diseño y arte final para folleto bifoliar en 05 colores (CMYK + color Pantone).

-Los apuntes y bocetos a realizar deben responder al uso de un color especial Pantone sobre el diseño a 04 colores y acabado con troquel.

Apuntes

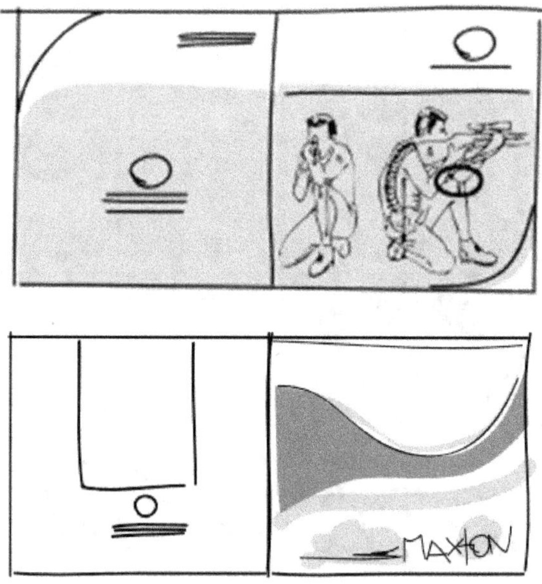

Las propuestas trabajadas en la etapa de bocetos permiten enfocar la idea y tema central del bifoliar, así como crear un concepto claro en la selección manejo de las imágenes, la estructuración de los textos, la ubicación de logos y recursos gráficos a utilizarse.

Boceto

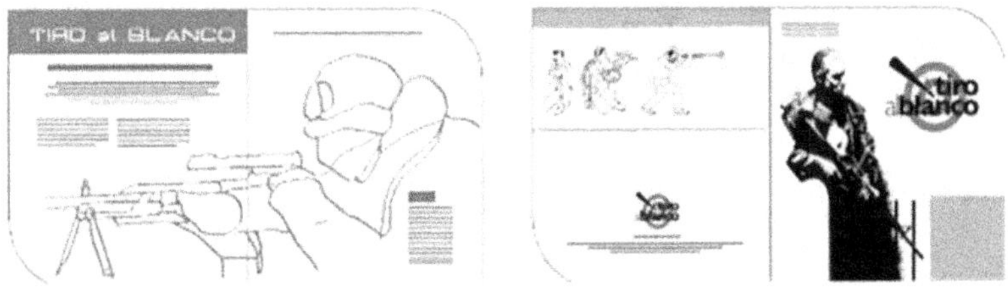

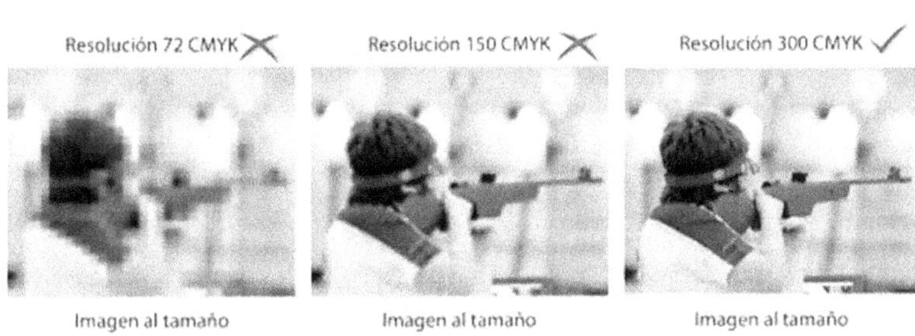

Las imágenes para el diseño del bifoliar deben tener el tamaño indicado, la resolución indicada, la lineatura correcta y el entorno de color respectivo.

-Los espacios en blanco y la distribución de los elementos debe generar una estructura clara en el recorrido visual del diseño y facilitar la comprensión de la información.

-Las imágenes a sangre deben tener la demasía respectiva (3 mm como mínimo).

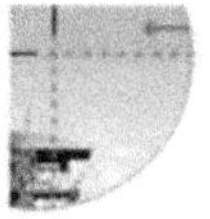

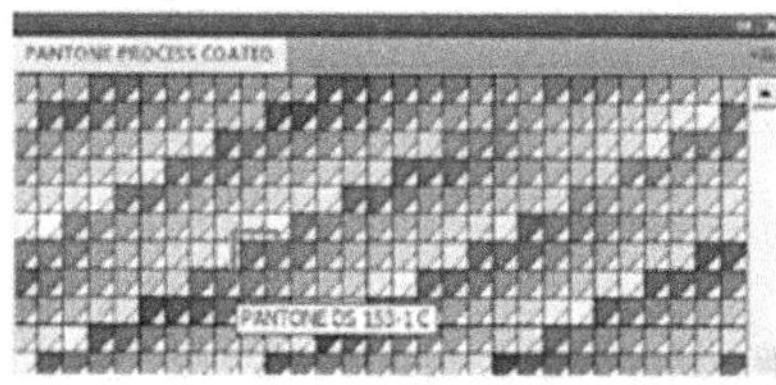

El color especial pantone se debe trabajar en una capa aparte y colocar la máscara respectiva con la valoración numérica asignada en dicho color.

-Los textos se deben revisar para evitar errores ortográficos o de redacción.

Si el texto va en color negro solo debe tener 100% en K y 0% en C, M, y Y.

Si va sobre fondo de color debe ir sobreimpreso.

-El trazo del troquel debe corresponder a las medidas del diseño y sin sobrepasar las demasías de los sangrados. Las líneas de corte del troquel deben ser continuas y las de doblado discontinuas.

El anverso (tira) y el reverso (retira) del diseño deben de colocarse cabeza con cabeza o pie con pie en la misma hoja de impresión.

Línea de corte para troquel   Línea de doblez para troquel

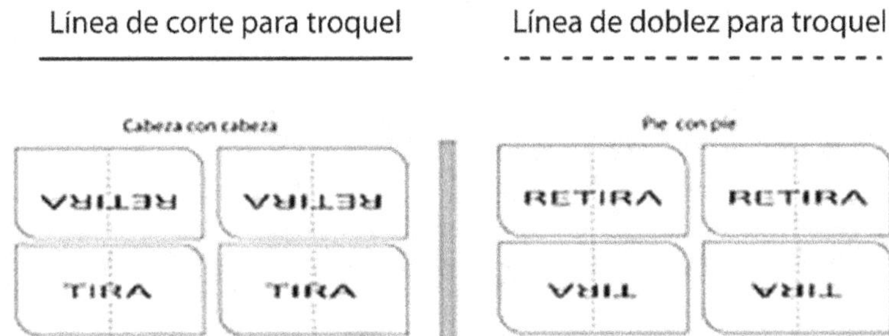

La tira de control de color debe colocarse en el arte para el controlar la ganancia de punto de cada color durante el proceso de impresión.

-Por último, revisar el archivo y verificar que contenga todas las indicaciones de acabado, los vínculos de las imágenes y el texto en contorno o curvas.

Proceso de ejecución

1. Realizar apuntes y bocetos para el diseño de un bifoliar utilizando un color especial Pantone sobre tintas CMYK y acabado con troquel.

2. Seleccionar el boceto apropiado para el diseño del bifoliar y proceder a diagramar los diferentes elementos que lo integran.

3. Utilizar el software indicado para retocar y ajustar el tamaño de las imágenes, colocar el modo de color en CMYK y la lineatura de trama correspondiente a 150 lpi.

Imegen en modo de color CMYK

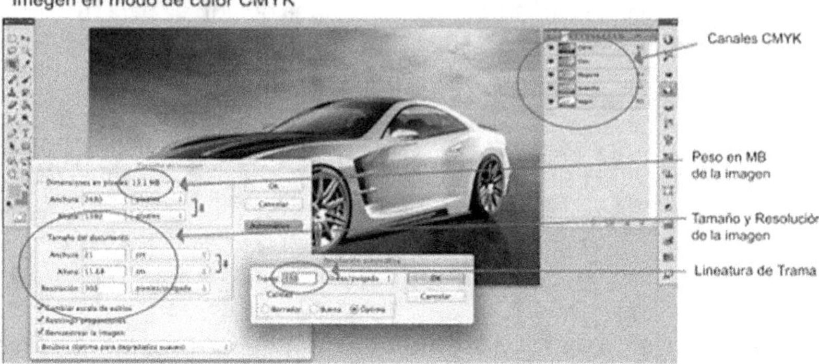

4. Colocar las imágenes según el diseño, revisar las demasías en la imagen a sangre, cuadrar los textos, encabezados y demás elementos del diseño.

5. Realizar el trazo del troquel a medida e indicando la zona de corte y la zona de doblez.

El troquel se debe trazar en una capa o mesa de trabajo nueva.

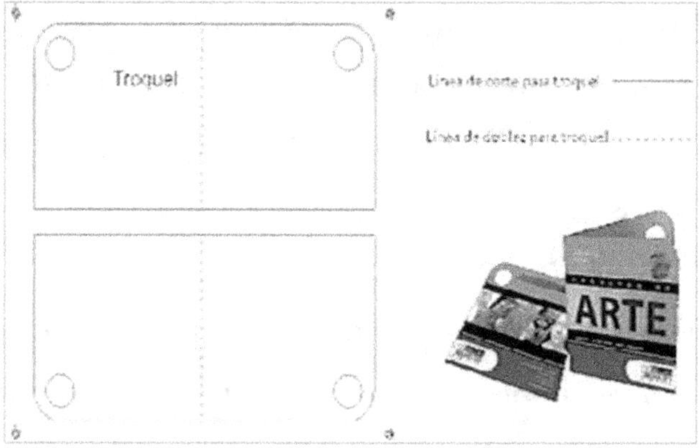

6. Seleccionar las zonas del diseño que corresponde al color especial Pantone para crear la máscara necesaria en una capa independiente.

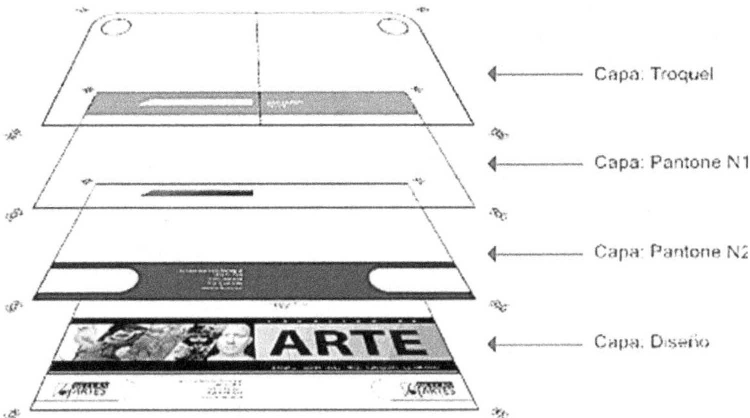

7. Verificar y revisar cada una de las capas, troquel, Pantone y diseño.

8. Colocar las guías de registro y tira de control de color.

9. Realizar el armado final del archivo colocando la tira y la retira en posición cabeza con cabeza o pie con pie en la misma hoja de impresión.

10. Revisar el archivo para verificar que no hay errores.

Arte final

Trazo del troquel

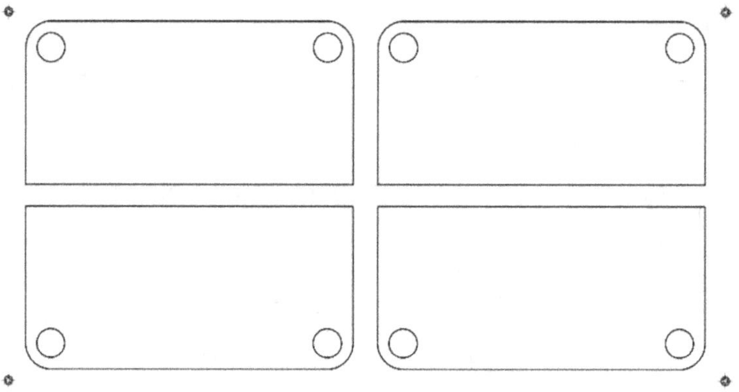

Evaluación:

Sistema de impresión digital

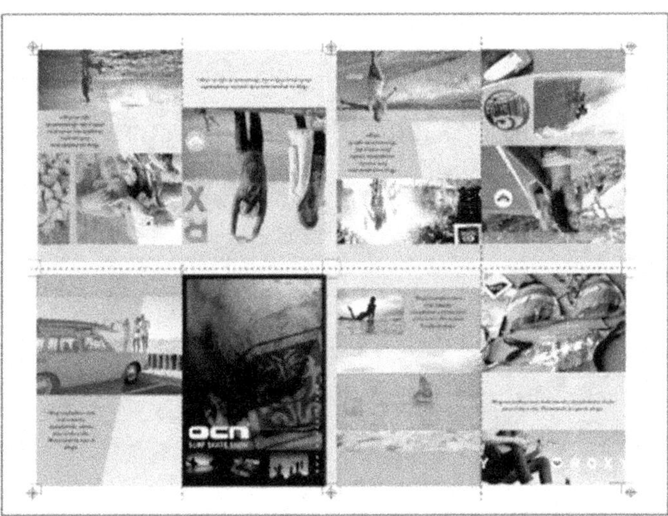

	ORDEN DE EJECUCIÓN	HERRAMIENTAS / INSTRUMENTOS
01	Realizar diseño y arte final de catálogo con plegado editorial de 08 páginas para impresión digital.	Hojas bond Computadora (Software de diseño -
02	Realizar maqueteado.	Programa Illustrator y Photoshop)
03	Revizar y verificar las imágenes, el compaginado y los textos. Realizar el armado de arte final e imposición.	

Realizar diseño y arte final de catálogo con plegado editorial de páginas para impresión digital.

-El primer paso realizar un catálogo con más de 04 páginas es establecer la compaginación y ubicación de cada uno de los folios. Para ello se debe realizar un boceto con una hoja de pliego entero, doblando por la mitad el pliego y nuevamente doblarlo a manera de un caballete.

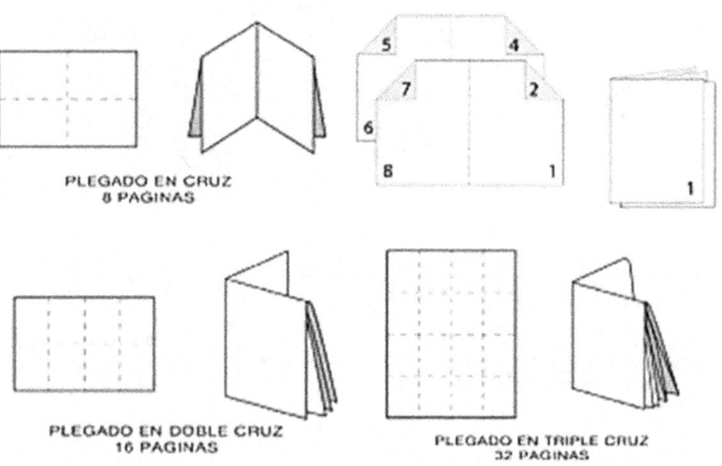

Al realizar el plegado previo y teniendo la cantidad de páginas según el diseño, se obtiene la ubicación correcta de todas las páginas tanto para la tira como la retira.

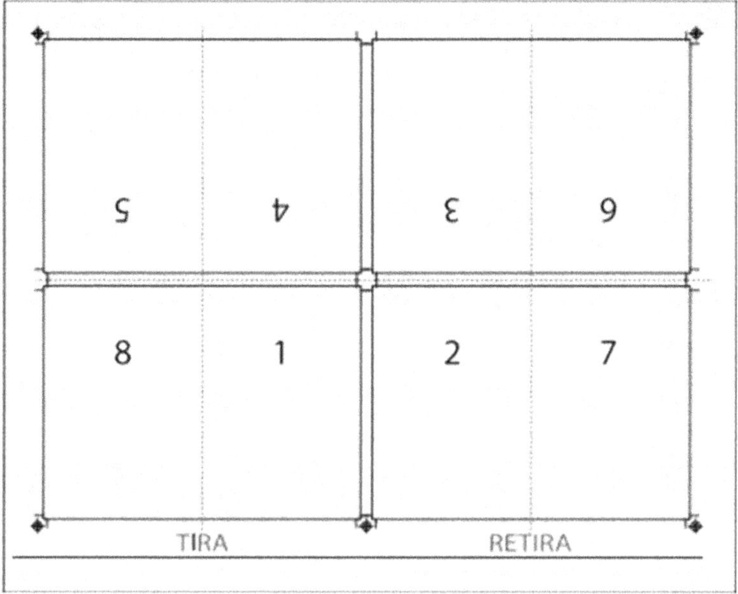

Teniendo planificado la secuencia y ordenamiento de las páginas se procede a realizar el boceto y diagramación de las imágenes, recursos gráficos y textos respectivos.

-La imposición es una de las etapas fundamentales dentro de la parte de Preimpresión en Artes Gráficas. Consiste en distribuir las páginas dentro de un documento conocido como trazado que contiene el formato de pliego donde se va a imprimír la publicación, de manera que, al plegar y cortar después dicho pliego impreso, se obtenga un correcto casado de las páginas, es decir, que éstas se muestren en el orden de foliación correcto.

-Lo primero que se debe hacer para realizar un trazado de imposición es definir, en la base de montaje para máquina, el formato de nuestro pliego de impresión. A continuación, se traza el eje de simetría y la entrada de pinzas del papel. Se define el formato de página y para finalizar se calcula la compaginación, refilados, cortes y plegados.

-La imposición también ayuda a optimizar el uso del papel y simplifica procesos como en los trazados de repetición dentro de un mismo diseño editorial.

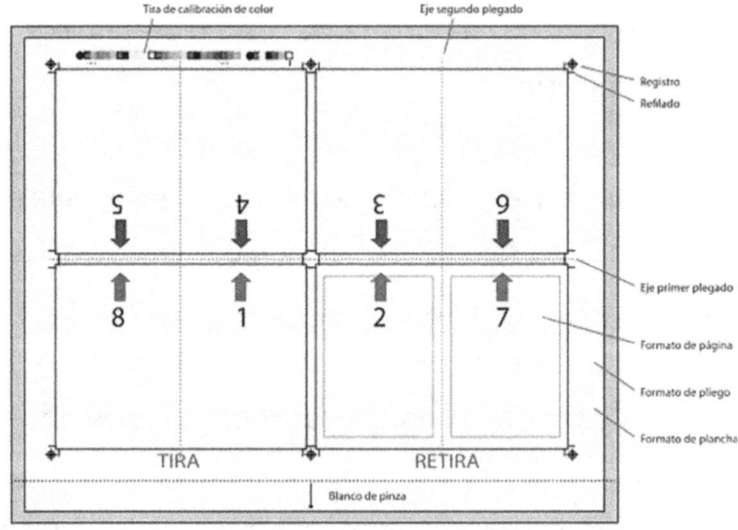

El blanco de pinzas es un área que se le resta al papel (de entre 10 y 12 mm) para ser introducido en la máquina de impresión.

Después del blanco de pinzas se puede empezar a colocar los elementos en el trazado.

-El refilado es el área que se deja para realizar el corte entre el plegado.

-Para el caso de un diseño con 16 páginas la imposición sería de la siguiente manera.

Para revisar la imposición de 8 páginas se puede seguir estas recomendaciones.

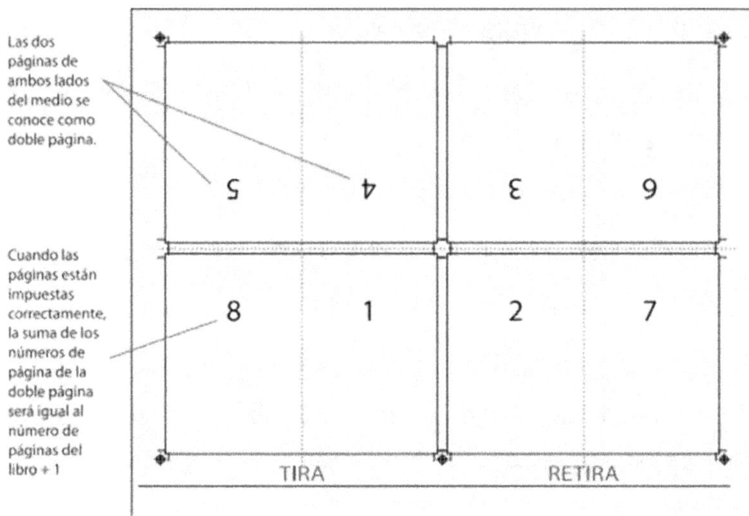

Terminado el diseño y diagramación es necesario revisar todas las fotografías y vectores, estos deben estar en CMYK y en formato TIFF (para el caso de las fotografías).

-Por último, para culminar el armado del archivo final, en la imposición, las páginas deben estar cabeza con cabeza.

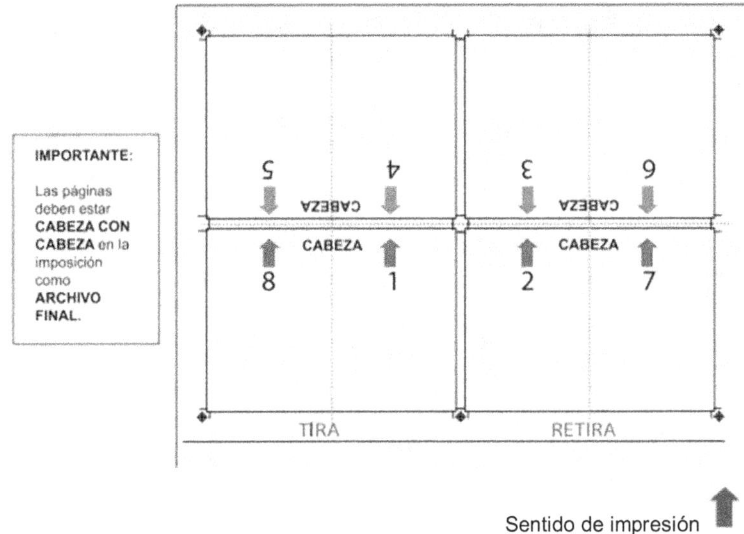

Proceso de ejecución

1. Realizar apuntes y bocetos previos para establecer el tamaño del catálogo, la forma y el concepto de diseño más apropiado según el encargo asignado.

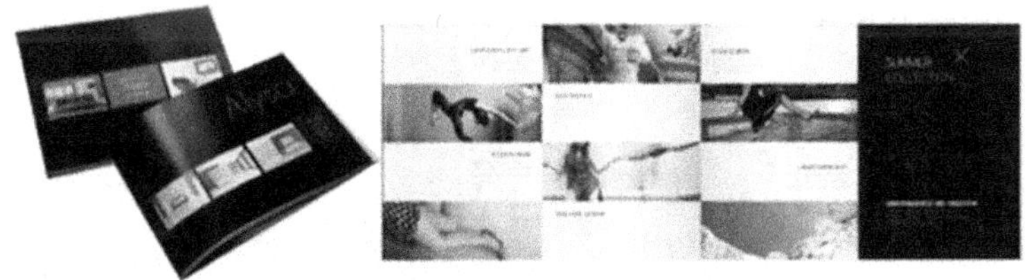

2. Maquetar previamente el plegado, de tipo editorial, del catálogo con la cantidad de páginas a utilizar y proceder a enumerarlas de forma correcta. De esta manera se obtiene en la hoja pliego ubicación

correcta de todas las páginas tanto para la tira como la retira.

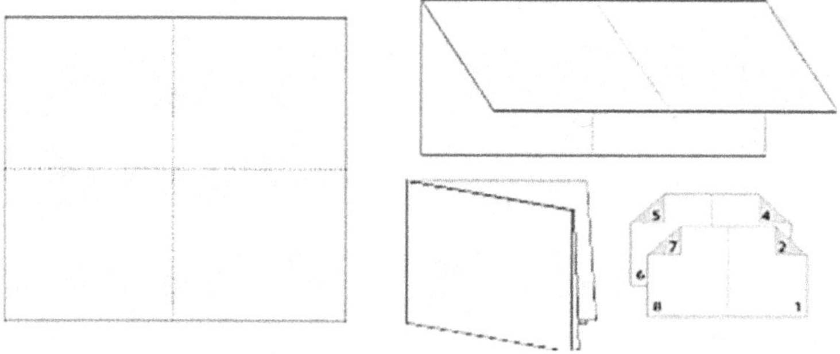

3. Seleccionar el boceto más adecuado y proceder a realizar el diseño. En esta etapa se debe tener claro las medidas exactas con respecto al tamaño del catálogo, es importante agregar a esta medida los 3mm por cada lado para la demasía en el refilado, la cantidad de páginas y el tipo de acabado final que se desee lograr.

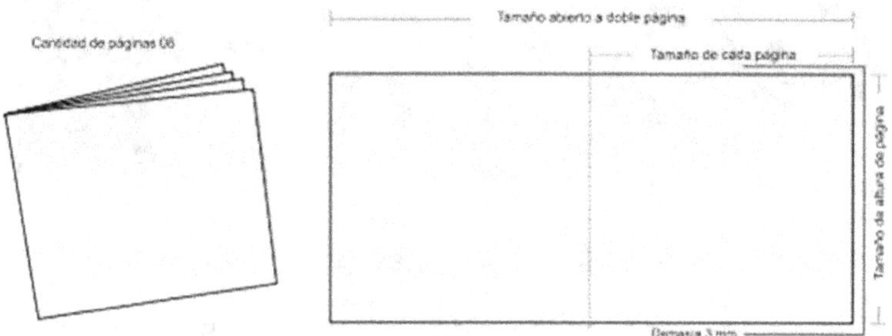

4. Organizar y seleccionar las imágenes a utilizarse, revisar la resolución de cada una (300 de resolución

al tamaño y en formato TIFF) y entorno de color (CMYK).

5. Revisar y verificar las imágenes a sangre (3 mm de demasía), el compaginado y los textos.

6. Colocar las líneas de corte, las guías de registro, la tira de control de color y las marcas de plegado en la imposición.

7. Revisar el arte final y grabar en formato de extensión PDF.

Evaluación:

El papel y su actuación en la impresión offset

	ORDEN DE EJECUCIÓN	HERRAMIENTAS / INSTRUMENTOS
01	Realizar diseño de muestrario de papeles.	Hojas bond
02	Revisar trazado de la forma y plegado del muestrario.	Computadora (Software de diseño ·
03	Seleccionar y reconocer los distintos papeles	Programa Illustrator y Photoshop)

Realizar diseño de muestrario de papeles

-Formando grupos de 3 alumnos, identificar y seleccionar los diferentes tipos de papel que se utilizan en el proceso de impresión.

-Individualmente, realizar propuestas creativas para el diseño de un muestrario de papeles.

-Realizar los bocetos teniendo en cuenta el tamaño, color, forma y disposición de los diferentes tipos de papel que componen el muestrario.

-Seleccionar el diseño apropiado y continuar al desarrollo gráfico en el software correcto.

-Es importante revisar el diseño una o dos veces, preferentemente, antes de pasar a la etapa de impresión.

-Una vez terminado el diseño del muestrario, imprimirlo y el proseguir al armado.

Proceso de ejecución

1. Esbozar diferentes alternativas para el diseño del muestrario.

2. Seleccionar diferentes papeles y cartulinas para elaborar el muestrario.

3. Seleccionar la propuesta apropiada y realizar las modificaciones y ajustes para elaborar el diseño digitalmente.

4. Realizar el diseño con el uso del software indicado.

5. Revisar el archivo y corregir si es necesario.

6. Realizar la impresión del diseño del muestrario.

7. Armar el muestrario.

Evaluación:

Sistema de impresión serigráfico

Original

Gris

Amarillo

Magenta

azul

Blanco

ORDEN DE EJECUCIÓN	HERRAMIENTAS / INSTRUMENTOS
01 Realizar diseño para impresión en serigrafía. 02 Realizar arte final para impresión en serigrafía.	Hojas bond Computadora (Software de diseño - Programa Illustrator y Photoshop)

Realizar diseño y arte final para impresión en serigrafía.

-Al iniciar un diseño para su reproducción en serigrafía se debe generar el arte en vectores y separando cada color en una capa o mesa de trabajo diferente.

La serigrafía es una técnica de impresión por permeabilidad y se realiza con tintas puras, estas tintas puras pueden ser Pantone o tintas matizadas.

 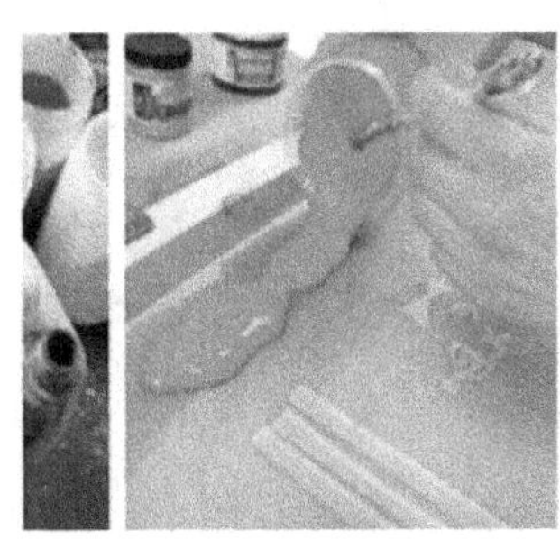

-El trazado de la imagen debe realizarse color por color teniendo cuidado de que calce exactamente uno con otro. Para ello es necesario utilizar las guías de registro en cada capa de color.

-El arte puede tener la cantidad y variedad de colores que sean necesarios, pero a más colores, más dificultad en el proceso de separación e impresión.

- Las capas del diseño deben ser impresas cada una en papel Canson transparente o filmados en película.

Proceso de ejecución

1. Realizar bocetos sobre de la figura a trabajar.

2. Realizar la vectorización de la imagen o proceder a ilustrarla de forma vectorial.

3. Realizar el trazado vectorial y la separación de cada color uno por uno en capas diferentes.

4. Ordenar y revisar las capas y registros de los colores ya separados evitando así errores de calce.

5. Colocar las guías re registro en la zona de no impresión.

6. Revisar finalmente el archivo.

7. Grabar en formato PDF.

Evaluación:

Sistema de impresión flexográfico

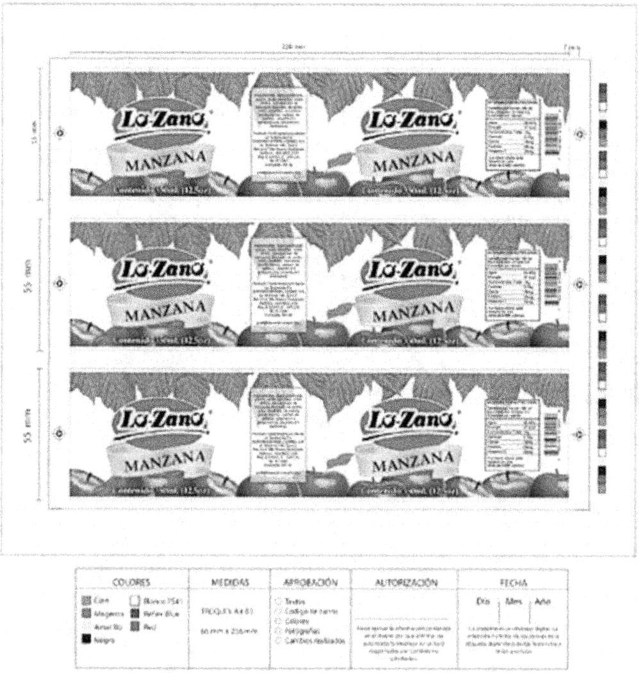

COLORES	MEDIDAS	APROBACIÓN	AUTORIZACIÓN	FECHA
Cian Blanco 7541 Magenta Reflex Blue Amarillo Red Negro	TROQUEL A x B) 65 mm x 226 mm	Textos Código de barras Colores Fotografías Cambios realizados		Día Mes Año

	ORDEN DE EJECUCIÓN	HERRAMIENTAS / INSTRUMENTOS
01	Realizar diseño de etiqueta para impresión en flexografía.	Hojas bond
02	Realizar el arte final de la etiqueta en cuatricromía y 03 colores especiales.	Computadora (Software de diseño · Programa Illustrator y Photoshop)
03	Realizar trazado del troquel de la etiqueta.	
04	Realizar ficha técnica del arte.	

Realizar diseño y arte final para impresión en flexografía.

-Al realizar el diseño para una etiqueta de producto se debe tener en cuenta las medidas y tamaño del envase que servirá de contenedor del producto.

-Teniendo las dimensiones exactas proceder a realizar diferentes bocetos para el diseño de la etiqueta y seleccionar el material donde se reproducirá.

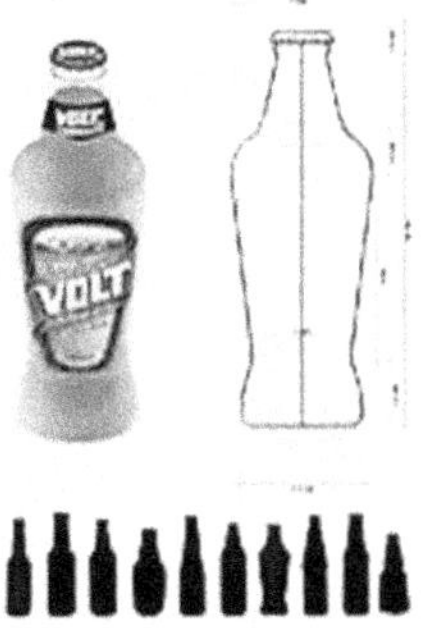

-El boceto seleccionado debe trabajarse en el software respectivo.

-El diseño debe responder a realzar y exhibir de forma adecuada el logotipo con el nombre del producto o marca de producto y destacar la denominación genérica y específica del producto.

-En la parte lateral y posterior de la etiqueta deben figurar los registros de ley, dirección, código de barras, cuadro nutricional e ingredientes.

-Las imágenes correspondientes al diseño deben manejarse de forma adecuada, manteniendo la resolución, entorno de color y sangrados respectivos.

-Los colores especiales deben trabajarse en capas independientes e indicando el nombre y código de Pantone.

-El trazo del troquel debe corresponder a las medidas del diseño indicando las zonas de corte y pegado. El troquel se debe trazar en una capa o mesa de trabajo nueva.

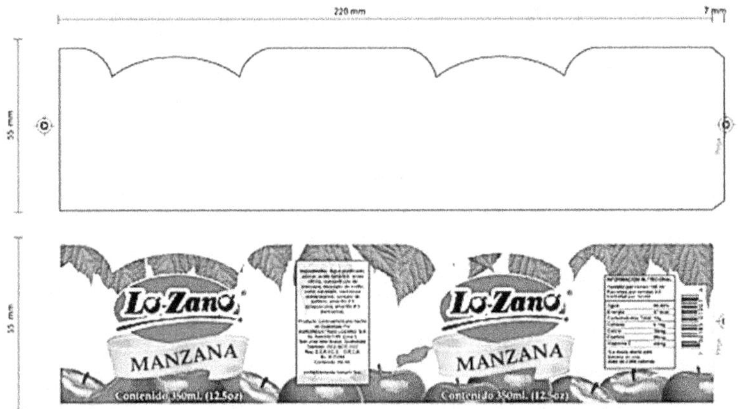

Es necesario realizar la revisión final del archivo, verificando las fuentes, capas de color, imágenes, colores especiales, trapping, guías de control registro y troquel.

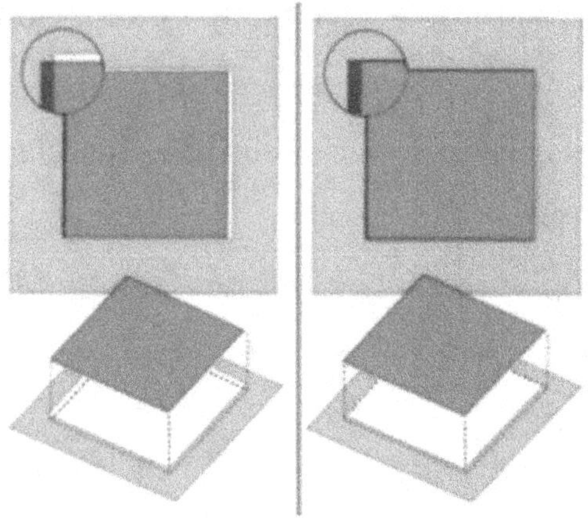

Falta de registro sin trapping   Falta de registro con trapping

Proceso de ejecución

1. Realizar bocetos para el diseño de etiqueta troquelada para impresión en flexografía a cuatricromía y 3 colores especiales.

2. Seleccionar la mejor alternativa y trabajar el planeamiento del diseño.

3. Realizar la selección y retoque de imágenes y fotos para el diseño.

4. Plantear el formato de la etiqueta con las medidas exactas y los 3mm de demasías para los sangrados.

5. Trazar el diseño del troquel de la etiqueta.

6. Realizar planeamiento del arte final de la etiqueta y colocar los 3 colores Pantone en sus capas respectivas.

7. Realizar el trapping y verificar los registros de cada color.

8. Elaborar la ficha técnica del arte indicando las medidas, los colores de selección y los Pantone además del troquel.

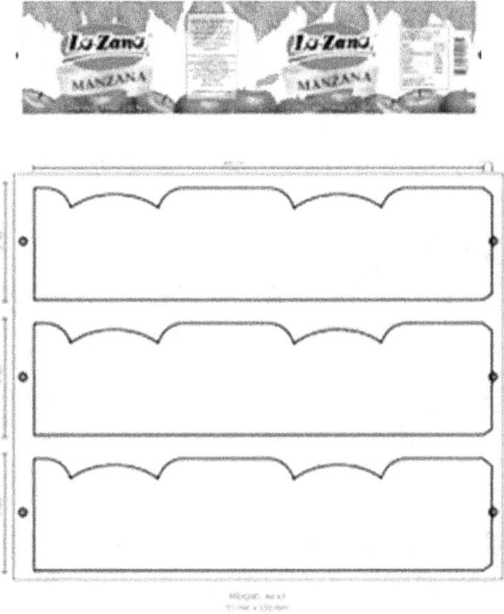

Evaluación:

Impresión y acabados

	ORDEN DE EJECUCIÓN	HERRAMIENTAS / INSTRUMENTOS
01	Realizar diseño de portafolio de trabajos con propuesta de acabado en hot stamping y/o repujado.	Hojas bond Computadora (Software de diseño - Programa Illustrator y Photoshop)

Realizar diseño de portafolio de trabajos para acabado en hot stamping y/o repujado.

-El diseño del portafolio de trabajos debe cumplir con el requisito de ser original en el diseño y mostrar los datos, experiencia y trabajos realizados por el alumno.

-Al realizar el boceto del portafolio es necesario planear las zonas donde se colocará posteriormente el acabado hot stamping.

-El diseño del portafolio debe ser trabajado digitalmente indicando las guías de corte y doblez para su posterior encuadernación o montaje.

-Es importante tener claro la medida y tamaño del portafolio, alto, ancho, y cantidad de páginas, así como el acabado y troquelado que pueda tener.

-La propuesta de acabado para la portada del portafolio será a elección del alumno y deberá presentar el presupuesto del mismo.

Proceso de ejecución

1. Esbozar las propuestas necesarias para elaborar el portafolio de trabajo.

2. Realizar la selección del boceto más adecuado para su elaboración digital.

3. Verificar la funcionabilidad de la propuesta.

4. Diseñar la portada y contraportada indicando la propuesta de acabado.

5. Seleccionar los trabajos y los textos para el interior del portafolio y realizar el compaginado respectivo.

6. Realizar la revisión del arte y hacer las correcciones pertinentes.

7. Selección de soporte adecuado para el interior del portafolio y el armado final del archivo para su impresión digital.

8. Realizar el arte final de las portadas del portafolio para su impresión digital.

9. Presentar el proyecto físico y el presupuesto del acabado elegido.

Glosario

A

-Acabado: Proceso de trabajo que da por finalizada la fabricación de un impreso. Tratamiento de superficie que se da al papel o al impreso para ennoblecerlo.

-Alta resolución: En artes gráficas, nivel alto de precisión con la que una imagen digital o impresa es capaz de representar los detalles de la imagen original. Así pues, una resolución de tipo alto utilizará un número también alto de líneas por milímetro o un número elevado de elementos de ilustración como técnica específica para representar esa imagen.

-Ángulo de trama: Atributo que se le aplica a los puntos de la trama de amplitud modulada en la reproducción de impresos de semitonos. Para reproducciones de escala de grises, se suele dar un ángulo de 45º. En las reproducciones en color, cada medio tono CMYK cuenta con su propio ángulo de trama (negro 45º, magenta75º, amarillo 90º y cian 105º), para evitar la aparición de moaré.

-Aplicación informática: Programa informático o software que permite al usuario crear y modificar documentos con un objetivo específico, distinguiéndose así del software del sistema operativo.

-Archivo: grupo de datos organizado y archivado o memorizado en una memoria de ordenador y que puede ser recogida en cualquier momento para su tratamiento posterior.

-Archivo digital: También denominado fichero, es una unidad de datos o información almacenada en algún medio que puede ser utilizada por aplicaciones del ordenador. Cada archivo se diferencia del resto por su propia denominación y por una extensión.

-Armonía: en diseño gráfico y arte, la combinación de elementos de forma equilibrada sin que ninguno predomine de forma que parezca inapropiada.

Una composición o diseño armonioso provocan sensación de unidad, de que todo fluye apropiadamente y que todo está en el lugar adecuado.

Lo contrario de armonía es descompensación, desequilibrio o disonancia.

No todos los diseños u obras artísticas precisan armonía para alcanzar su objetivo. Muchas veces es al contrario.

B

-Balance de blancos: Ajuste electrónico que consigue una reproducción de color correcta sin mostrar dominantes de color, que son especialmente notables en los tonos neutros (el blanco y los distintos tonos de gris), con independencia del tipo de luz que ilumina la escena.

-Biblioteca de imágenes: Colecciones de fotografías, ilustraciones, diseños y otros elementos ya creados, como películas, sonidos y material en 3-D que no está sujeto al pago de derechos. Las bibliotecas de imágenes pueden obtenerse en tres formas, papel, que puede ser utilizado para la preparación de originales, disco de ordenador o, cada vez más, web.

-Boceto: Diseño previo a la obra artística que recoge y aúna los resultados alcanzados en el proceso de bocetaje y añade la definición cromática y textural. El boceto mantiene una relación de tamaño proporcional con la obra definitiva.

-Brillo: Característica de una superficie en cuanto a reflejar la luz incidente en mayor o menor grado.

-Brillómetro: Aparato de precisión portátil que se utiliza para detectar el grado de brillo en diferentes superficies.

C

-Calibración: Conjunto de operaciones que establecen, bajo condiciones especificadas, la relación entre los valores de magnitudes indicados por un instrumento o sistema de medición, o valores representados por una medida materializada o un material de referencia y los correspondientes valores aportados por patrones.

-Calidad: Característica de un producto que permite su fabricación con una relación de costo-precio concertado, cumpliendo con la satisfacción del cliente.

-Caracterización: Forma de describir las características de un dispositivo del flujo de color en la industria gráfica (cámaras digitales, escáner, monitores y dispositivos de impresión).

-Carta de color: Conjunto ordenado de muestras de color que se usan para seleccionar y comparar tonos de color en trabajos de diseño, preimpresión e impresión.

-Cartel: Medio de publicidad y de información visual, los carteles a menudo están impresos. Los formatos grandes en que se imprimen permiten distinguirlos a distancia.

-Cartón: Hoja de papel o de otra sustancia fibrosa cuyo gramaje es superior a 250 g/m^2. Es difícil establecer un límite entre lo que es cartón, lo que puede llamarse cartulina y el papel grueso.

-CMAN (CMYK): Abreviatura en español, correspondiente a las siglas inglesas CMYK, poco usada para referirse a la cuatricromía. Las siglas corresponden a "Cian, Magenta, Amarillo y Negro" colores primarios en la impresión.

-Color: Croma, saturación y brillo determinados. También es un concepto general que se refiere a la percepción humana de las longitudes de onda de la luz reflejada.

-Colorímetro: Aparato de precisión que sirve para medir la respuesta colorimétrico de muestras de color y convertirlas en valores triestímulos digitalizados. Su comportamiento, aunque mucho más limitado, los hace especialmente adecuados para la calibración y construcción de perfiles de color de dispositivos emisores de luz como las pantallas o monitores.

-Colorímetro de pantalla: Colorímetro utilizado para calibrar la respuesta de la pantalla a los colores de manera que se acerque al resultado obtenido en la impresión.

-Columna: En tipografía y caligrafía, la distribución verticalmente ordenada de las líneas de texto. Una columna es una sucesión ordenada de líneas, comenzando por arriba y terminando por abajo. Si hubiera dos o más columnas en un texto, el espacio disponible se divide horizontalmente en las columnas necesarias, separándolas con una calle de espacio en blanco o con un corondel.

-Compaginación: Proceso mediante el cual se van combinando y distribuyendo los elementos gráficos y de texto para obtener el formato o diseño de cada una de las páginas.

Para ello se deberá tener en cuenta los elementos comunes de las páginas, la columna o columnas de texto, las ventanas para ilustraciones, la numeración, etc.

-Composición: Distribución en el plano de los elementos que forman parte de una imagen.

La composición tiene una dimensión y un formato que determinan un plano donde se desarrolla una estructura definida por las relaciones (direccionales, rítmicas, de tensión, contraste y armonía, etc.) establecidas entre los elementos básicos de la imagen (puntos, líneas y planos), el color y la textura.

-Contraste: Principio del diseño por el que se le da relieve o predominio a los elementos importantes en una página, por medio del tamaño, el color, la textura, o la colocación, en comparación con los menos importantes.

-Control de calidad: Planificación, medición y control sistemáticos de la combinación de mano de obra, material y máquinas que participan en la fabricación de un producto de forma que se cumpla con los niveles establecidos de calidad y rendimiento de la empresa.

-Corporativo: En diseño, se usa el adjetivo "corporativo" para referirse al diseño planteado de forma conjunta para una misma empresa o cliente en todos sus usos y derivados. La imagen corporativa es así la imagen que proyecta una entidad comercial hacia fuera (clientes) y hacia dentro (miembros). Existen "colores corporativos", que son los colores concretos marcados para dar la imagen corporativa deseada, por ejemplo.

La tipografía corporativa es la fuente tipográfica con la que una empresa ha decidido emitir sus escritos. La identidad corporativa se resume en un Manual de identidad corporativo, que debe abarcar todos los elementos corporativos; es decir: Los elementos que componen y revelan su identidad.

-Corrección del color: Proceso de ajuste de una imagen para compensar los defectos de la digitalización o por las características del dispositivo de salida.

-Corrección ortotipográfica: en edición, acto por el cual se revisa el material teniendo en cuenta el conjunto de usos y reglas particulares de una lengua, constituidos para la correcta utilización de los signos tipográficos de su escritura.

-Corrector: Persona encargada de corregir los textos. Hay correctores de pruebas y correctores de estilo.

-Corte: Proceso de limpieza de los márgenes para dejar un impreso acabado.

-Cosido: Operación mediante la cual se une, con una puntura de hilo, un conjunto de hojas formando los cuadernillos y, después, el propio libro.

-Cuatricromía: Impresión de mediotonos en color creada mediante el proceso de separación de color en el que un original se divide en los colores primarios amarillo, cian, magenta y negro, para producir mediotonos individuales de cada uno de ellos y combinarlos después en la máquina de imprimir para volver a obtener toda la gama completa de colores del original.

-Cubierta: en encuadernación, primera página de una publicación que queda a la vista una vez encuadernada y que contiene normalmente el título y otras informaciones sobre el contenido.

-Cuña de control o tiras de control: Se imprimen en los márgenes del pliego y se utilizan para medir las densidades de tono lleno y trama como forma de control de calidad de la impresión.

-Curva Bezier: En PostScript, lenguaje que permitió el desarrollo de sistemas de impresión de alta calidad desde el ordenador, se introdujo el método de Bézier para la generación del código de las curvas y los trazados.

El lenguaje PostScript sigue empleándose ampliamente y se ha convertido en un estándar de calidad universal; por ello, lo utilizan programas de diseño vectorial como Adobe Illustrator, Macromedia FreeHand y Corel Draw, tres de los programas más importantes de dibujo vectorial.

D

Densidad: Medida del rango de tonos en un soporte determinado, por ejemplo, el rango de tonos de una cuatricromía en un tipo de papel especificado. Se mide con el densitómetro.

-Densidad de impresión: En impresión, este término se refiere al espesor relativo de la capa de tinta en una zona o área concreta. Normalmente se mide sobre las tiras de control situadas específicamente para ello en los impresos. La densidad varía según el tipo de impresión y según el soporte sobre el cual se realiza la misma.

-Destramado: Eliminación de la trama (ver trama)

-Diagramación: Realización del esquema de la página sobre la rejilla correspondiente. Premaqueta.

-Difusión: Es la capacidad que los medios de comunicación tienen para acercar los contenidos a los consumidores sociales. En el caso de la prensa, a los lectores.

-Digitalización: Es el proceso mediante el cual, partiendo de una señal analógica, como es cualquiera de las imágenes que nos rodean en el mundo real, obtenemos una representación de la misma en formato digital (señal digital).

-Digitalizar: acción de convertir en digital la información analógica. En otras palabras, es convertir cualquier señal de entrada continua (analógica) en una serie de valores numéricos.

-Diseño: Técnica que sirve para permutar los elementos de una página o de un proyecto gráfico y que ayuda al lector a comprender los contenidos informativos con una presentación cómoda, eficaz y hermosa.

-DVD (Digital Versatile Disc): Sigla de Digital Versatile Disc. Soporte multimedia que utiliza la misma tecnología de grabación óptica de los discos compactos, pero con una capacidad netamente superior.

E

-Ejemplar: en edición, cada una de las ediciones que se realiza de una publicación periódica o, también, cada una de las copias de esa edición.

-Elementos gráficos: El principal componente de toda composición gráfica es pues el mensaje a interpretar, la información que se desea hacer llegar al destinatario a través del grafismo. Esta información se debe representar por medio de diferentes elementos gráficos, que pueden ser muchos y variados, aunque los más comunes son: elementos gráficos simples (puntos y líneas de todo tipo), elementos geométricos, con contorno o sin él: (polígonos, círculos, elipses, óvalos), tipos y gráficos varios.

-Elementos gráficos vectoriales: Imágenes que se representan por medio de trazos geométricos controlados por cálculos y fórmulas matemáticas, tomando algunos puntos de la imagen como referencia para construir el resto.

-Embalaje: es un contenedor de producto que cumple funciones de almacenaje y transporte desde su centro de producción al punto de venta. En algunos casos el mismo packaging sirve para las dos utilidades (de hecho, el término inglés packaging sirve para las dos acepciones: envase y embalaje).

-Empresa: Unidad de organización dedicada a actividades industriales, mercantiles o de prestación de servicios con fines lucrativos.

-Encuadernación: Actividad artesanal o industrial mediante la cual se reúnen los diversos cuadernillos o pliegos que constituyen un libro, para posteriormente unirlos mediante cosido y cubrirlos con tapas de diversos materiales.

-Encuadre: Selección de una zona de la imagen original para convertirla en un fichero de imagen mediante su escaneo.

-Envase: contenedor de producto en el punto de venta, que llega hasta el consumidor. Su función, así como la del embalaje, es proteger, contener e identificar los productos y materiales para su distribución. Además, incluyen un enorme número de objetivos específicos de marketing para alcanzar ventajas comparativas con otros productos.

-Equilibrio: Principio del diseño por el que un lado de una composición debe tener el mismo peso de un lado que del otro (a partir del eje sentido). El equilibrio se consigue mediante la colocación de elementos básicos.

-Equilibrio de color: Combinación correcta de amarillo, magenta y cian que se precisa para reproducir una fotografía especificada sin que haya desviaciones hacia uno de los colores componentes.

-Equilibrio de grises: Combinación de colores primarios CMY por el que se obtiene un tono gris neutro. Ajuste en la creación de las planchas, en separación de colores para cuatricromía, para compensar las impurezas cromáticas de las tintas, de modo que en las zonas grises se reproduzcan tonos verdaderamente neutros. La compensación suele requerir tonos mayores de cian frente a equivalentes de magenta y amarillo.

-Escáner: Equipo explorador de imágenes que convierte la energía luminosa que emana de ellas en señales eléctricas, que se transforman en valores numéricos (digitalización), impulsos mecánicos (grabadores) o luminosos (insoladores).

-Espacio de color: modelo con el que se intenta describir la percepción humana que se conoce como color. En un espacio de color propiamente dicho se deben poder establecer relaciones entre los distintos colores (independientemente de sus intensidades, saturaciones, etc.). En la actualidad un espacio de color es una descripción matemática tridimensional de la percepción del color y de las relaciones que se establecen entre sus puntos. Los espacios de color actuales más asentados, usados y fiables son aquellos establecidos por CIE, que se consideran estándares internacionales. Los perfiles de color de escala de grises, RGB o CMYK estándares son también, por tanto, espacios de color.

-Espátula: Cuchilla de acero, caucho, plástico u otro material utilizada para aplicar o eliminar una sustancia liquida de una superficie.

-Estabilidad: Que mantiene el equilibrio, permanece en el mismo lugar.

-Estampación: método de impresión en el que se utiliza un grabado para transmitir una lámina a la superficie receptora y generar así un realce en unas zonas del impreso.

-Estándar: producto cuyo uso está mayoritariamente extendido entre los usuarios de un entorno determinado.

-Estándares de calidad: Normas y protocolos internacionales que deben cumplir los productos gráficos para su distribución y consumo por el cliente final. Un estándar se define como el grado de cumplimiento exigible a un criterio de calidad. Dicho en otros términos, define el rango en el que resulta aceptable el nivel de calidad que se alcanza en un determinado proceso.

-Espectrofotómetro: Dispositivo fotoeléctrico para la medición del a intensidad relativa de las longitudes de onda de la radiación que se transmite o refleja de una mezcla.

F

-Factor de ampliación/reducción: Valor según el cual el tamaño de una imagen se amplía o se disminuye.

-Flexografía: Es un sistema de impresión que utiliza formas flexibles en relieve. Es un sistema directo (la forma impresora impacta en el soporte). Trabaja con tintas líquidas y se suele utilizar para la impresión de envases, embalajes, etc.

-Flujo de trabajo: Conjunto de operaciones y cantidad de ellas que se llevan a cabo en el proceso gráfico: estructuración de tareas, orden correlativo, sincronización, flujo de la información y seguimiento del producto gráfico en todas sus fases.

-Foliación: Numeración ordenada de las páginas de un escrito o impreso.

-Formato digital: En informática, conjunto de instrucciones que describen cómo

almacenar, obtener o transmitir información digital. La compatibilidad de ficheros se basa, por tanto, en la correspondencia o interpretabilidad de formatos de datos creados en un programa con respecto a lo que puede recibir otro programa.

-Formato digital de archivo: Conjunto de instrucciones de codificación de la información digital para su almacenamiento, obtención o transmisión. Existen diferentes tipos de formatos para diferentes tipos de información. Por esto existen formatos de gráficos, formatos de audio, formatos de animación, formato de documentos, etc. El formato de imagen provee un método estandarizado para la organización y el almacenamiento de datos de imagen.

-Fotomontaje: Montaje llevado a cabo combinando varias fotografías para obtener un efecto global.

G

-Gamma: Tangente trigonométrica del ángulo formado por la parte rectilínea de la curva de ennegrecimiento y el eje de las abscisas positivas del sistema al que se refiere la misma curva.

-Ganancia de punto: Aumento del tamaño del punto de trama desde que es creado hasta que es impreso.

-Gestión del color: Conjunto de operaciones que se engloban en un programa específico aplicable a los sistemas de preimpresión electrónica en color y que tiene por finalidad combinar todas las operaciones que se refieren a un tratamiento adecuado del color, incluyendo principalmente la forma en que se representa en la pantalla, en el dispositivo de pruebas, en el dispositivo de impresión electrónica, etc. Para ello, debe disponer de los sistemas convenientes de conversión de espacios de color y de los de calibración específica de los elementos que intervienen.

H

-Hendido: Ranura que se hace apretando los papeles gruesos, cartulinas y cartones para facilitar su plegado.

-Huecograbado: Proceso de impresión que utiliza un cilindro grabado como forma de impresión. Las áreas imagen están grabadas en bajo relieve, por debajo de las áreas no imagen, en forma de pequeñas celdas. El cilindro se sumerge en tinta eliminando de su superficie el exceso mediante una rasqueta y quedando tan sólo la tinta en las celdas o alvéolos. Después, el sistema transmite esa tinta formando la imagen sobre el soporte receptor.

-Huérfana: Línea que pertenece a un párrafo y que queda sola en la parte inferior de una página o columna de texto como consecuencia de haber realizado un corte por el que el resto del párrafo se ha trasladado a la página o columna siguiente.

I

-Identidad corporativa: Ver corporativo.

-Ilustración: Forma genérica en que se designa todo elemento que no es texto y que aparece en un documento compuesto o impreso.

-Imagen corporativa: Ver corporativo.

-Imagen vectorial: Imagen digital formada por objetos geométricos independientes (segmentos, polígonos, arcos, etc.), cada uno de ellos definido por distintos atributos matemáticos de forma, de posición, de color, etc.

-Imposición: Organización de las páginas para que se ajusten al sistema de impresión que se utiliza y poder proporcionar los márgenes correctos para que, al doblarlas una vez impresas, aparezcan en su secuencia correcta.

-Impresión: Reproducción de grafismos (texto e ilustraciones) mediante presión de una forma en relieve, plana o en hueco, sobre cualquier tipo de soporte.

-Impresión digital: Reproducción de material digital sobre una superficie física sin usar planchas de impresión. Se trata de un método muy flexible que difiere de las técnicas tradicionales en que cada impresión puede cambiarse para ser diferente. Así, la impresión digital es adecuada para tiradas reducidas, para la personalización de contenidos o para la impresión de datos variables.

-Internet: Acrónimo de interconnecting network, red de interconexión. Sistema de redes de ordenadores y puertas de enlace a escala mundial que utilizan el protocolo TCP/IP para establecer conexiones entre ellas e intercambiar información. Tiene su origen en ARPANET (1969) y tiene como particularidad que es una red descentralizada, ya que no hay ningún ordenador o subred que tenga el control de Internet. La información puede viajar de un ordenador a otro siguiendo caminos distintos, lo que permite que la red continúe funcionando incluso si parte de ella queda fuera de servicio. Internet es el medio de transporte utilizado por la World Wide Web para intercambiar la información almacenada en los ordenadores conectados a Internet.

-Irradiancia: Magnitud utilizada para describir la potencia incidente por unidad de superficie de todo tipo de radiación electromagnética.

-ISO: Sigla de International Standardization Organization, Organización Internacional de Normalización. Ente internacional dependiente de la ONU, con sede en Ginebra, que establece unas normas referentes a las características técnicas de productos y servicios, así como de las características cualitativas de las mercancías para estandarizar productos y procesos industriales, con el fin de facilitar los intercambios internacionales. En 1946 sucedió a la International Standardizing Association (ISA).

J

-Justificación: En composición tipográfica, el ajuste de los márgenes de los textos a uno de los lados o a ambos lados. La justificación se llama simplemente "justificación" si los textos ajustan por igual a ambos márgenes, en "bandera izquierda" si los textos se igualan a la izquierda o en "bandera derecha" si ajustan a la derecha.

L

-Legibilidad: En tipografía y diseño gráfico, la cualidad que tiene un texto de leerse con facilidad. A mayor legibilidad, mayor facilidad para un observador de percibir el texto como tal texto y de captar el mensaje escrito.

-Libro de estilo: Conjunto de normas para el diseño y la redacción de documentos, ya sea para el uso general, o para una publicación u organización específica. Los libros o manuales de estilo son frecuentes en el uso general y especializado, en medios escritos, orales y gráficos. El manual de estilo se compone tanto de normas lingüísticas, como de estilo, para que el mensaje sea más coherente, eficaz y correcto.

-Lineatura: El número de puntos de semitono que hay en una unidad de medida lineal, usualmente pulgadas o centímetros. En imprenta, al imprimir con tramas de semitonos ordenadas, hablar de lineatura es la forma de medir la resolución de la impresión.

-Logotipo: Es el signo visual de cualquier tipo (texto, símbolo, monograma, mascota, etc.) cuya función específica es individualizar a una entidad. Es la forma visual del nombre. La palabra logotipo proviene del griego. La raíz "logos" significa palabra y tipo significa forma. Así logotipo es la forma que adquiere la palabra. Esa forma única de representar gráficamente un nombre.

-Lomo: Parte del libro encuadernado en la que van fijadas las páginas y con la que se une la cubierta frontal con la posterior.

-Luces: En una fotografía, las zonas más claras de la imagen. Si se dividen los tonos de una imagen en cuatro partes, de más claro a más oscuro, se suelen considerar luces del 0% al 25% más claro. Se relacionan con las "sombras" (las zonas más oscuras, del 75% al 100% de tono) y los "medios tonos" (las zonas intermedias, más o menos del 25% al 75%).

-Luminancia: Claridad u oscuridad que tiene una ilustración en general, sin tener en cuenta otros aspectos tales como la saturación de color o el tono.

M

-Manipulados: Conjunto de procedimientos de transformación que se puede realizar sobre el papel u otros soportes gráficos. Son manipulados los perforados, doblados, intercalados de hojas y otros.

-Mantenimiento: Operación que generalmente se realiza cuando la máquina no está disponible para producción. Ejemplos de operaciones de mantenimiento son la reparación o el recambio de piezas rotas, desgastadas o dañadas; la lubricación; el mantenimiento preventivo, etc.

El mantenimiento se realiza normalmente por personal de mantenimiento u operadores cualificados, que han sido formados respecto a los tipos de riesgos en el área en la que deben realizar sus trabajos y sobre cómo pueden evitarse estos riesgos. Cuando sea posible, esto debería realizarse con fuentes de energía aisladas.

-Maqueta: Dibujo que proporciona la apariencia general de un diseño, indicando, por ejemplo, la posición del texto y de las ilustraciones. El término también se utiliza en el contexto de la preparación de un diseño para su reproducción.

-Maquetación: Término genérico que se utiliza para describir el diseño de páginas y gráficos.

-Marca: Signo distintivo reconocido legalmente que certifica la autenticidad de un producto, y permite a los empresarios distinguir sus productos o servicios frente a los de los competidores, además de otorgar su derecho exclusivo en el uso de éstos.

-Mascara: Conjunto de imágenes recortadas tanto físicas como digitales que se emplean para recortar o hacer desaparecer parte de una ilustración.

-Modelos de color: Sistema numérico de medidas de color. Existen varios modelos que acostumbran a utilizarse en la industria gráfica, tales como: CIElab, RGB y CMYK.

-Montaje: Disposición de fotolitos fijados sobre una hoja (soporte transparente) y sobre el trazado para la insolación con destino a la impresión offset, rotativa, etc.

-Multimedia: Toda creación o publicación que incorpora en una estructura común distintos lenguajes tecnológicos: textos, sonidos, imágenes estáticas y/o en movimiento.

N

-Normalización: Acuerdo al que llegan la Administración, los fabricantes y los consumidores y/o usuarios sobre las características de calidad que deben reunir los productos, servicios, sistemas o personas.

-Normas: Nomenclaturas y procedimientos de ensayo normalizados que indican cómo utilizar los productos comercializados.

-Normas de calidad: Documento técnico que refleja las características de la calidad que deben reunir los productos, servicios, sistemas o personas. Ejemplo de normas de calidad son la ISO 9001 y la ISO 12647.

O

Offset: Sistema de impresión en pliegos y rotativa. La imagen a reproducir se entinta en la plancha, ésta la transfiere a la mantilla de caucho y del caucho al papel.

-Orden de trabajo: Conjunto de datos adicionales que se precisan para un trabajo en artes gráficas y que no pertenecen en sí al contenido del propio fichero de ese documento. Así pues, una orden de trabajo contiene información sobre la forma de realizarlo, el número de ejemplares, materiales necesarios, acabados y acondicionados del producto acebadado etc.

-Original: Documento gráfico que recoge un estado del proceso de realización de una ilustración. Se corresponde con el final de la construcción formal de la imagen una vez esta ha sido dotada de los acabados cromáticos, gestuales y de textura definitivos. Posteriormente el original se inserta en el entorno gráfico para el que se ha realizado y el conjunto se reproduce y pública, se difunde física o digitalmente o se presenta en público a través de medios audiovisuales.

P

-Página: Cada una de las dos caras de una hoja integrante de un pliego.

-Página maestra: En programas de diseño gráfico multipágina, modelo de página que se define dentro de un documento como base para la creación de páginas reales.

-Papel: Hoja constituida esencialmente por fibras celulósicas de origen natural, a fieltradas y entrelazadas. Por encima de un cierto gramaje o de una cierta rigidez, el papel se denomina cartón.

-Parámetros: Cualquier variable que se refiere a una característica identificable de un elemento, dispositivo o expresión matemática que puede adoptar un valor relativo arbitrario con respecto a otras variables.

-Párrafo: En lenguaje escrito, cada uno de los fragmentos de texto separado de los demás por el inicio de una nueva línea. En teoría, la idea clásica es que un párrafo es una división del discurso que contiene una idea o concepto. Sin embargo, la realidad es que el párrafo es una simple división formal que los humanos usamos para ayudarnos a asimilar gradualmente la información escrita.

-PDF: Formato de documento digital creado para el intercambio de información conservando el máximo posible de la apariencia original que tenía en el programa con el que se creó sin necesidad de éste. Las siglas PDF corresponden a la expresión inglesa

Portable File Document ("fichero de documento transportable").

-Perfil de color: Conjunto de datos que describen y estandarizan un conjunto de colores llamado espacio de color. Las más de las veces, los perfiles de color se usan para describir los espacios de color de aparatos concretos. Describen cómo representan o entienden el color esos aparatos y lo hacen poniendo sus valores en relación con espacios de color "absolutos". Es un elemento fundamental de la gestión del color.

-Plegado: Operación que se acostumbra a llevar a cabo después de la impresión y del corte mediante el cual se va doblando la hoja formando una signatura. Para ello se utiliza una plegadora.

-Porcentaje de punto: Porcentaje de superficie que queda ocupada por el área de los puntos de un nivel tonal determinado con respecto a la superficie total de la zona.

-Preimpresión: Conjunto de actividades de preparación y procesamiento de los originales, una vez diseñados, para que sea posible imprimirlos. Se incluye, por tanto, la composición de textos, el tratamiento de imágenes y la preparación de formas impresoras.

-Procedimiento: Conjunto de instrucciones para la realización de una determinada tarea, recogidas en un documento escrito.

-Producción: volumen de trabajo producido en una máquina o en un taller durante un periodo de tiempo determinado. Puede aplicarse también a la productividad posible obtenible por una máquina o sistema en plena producción durante un periodo determinado.

-Productividad: Capacidad de producción por unidad de trabajo o disminución de los rendimientos finales en función de los factores productivos. Es la capacidad para producir que se observa a partir de un elemento con capacidad de producir o mediante la combinación de diferentes factores de producción.

-Producto gráfico: Cualquier pieza gráfica de comunicación que emite una entidad y como tal es producto de una estrategia y está previamente diseñada bajo los parámetros corporativos.

-Profundidad de color: Número de tonalidades que puede mostrar en pantalla un único pixel, determinado por el número de bits utilizados para mostrar el pixel en pantalla.

-Prueba de color: Imagen impresa o simulada de cada uno de los colores del trabajo en la que se usan tintas, pigmentos o tintes, a fin de conseguir una impresión visual de la reproducción final.

-Punto de trama: Atributo de la trama que hace referencia a las formas de los puntos. Los más utilizados son: el redondo, cuadrado, elíptico.

R

-Rango dinámico: Distancia entre la irradiancia mínima y la irradiancia máxima ante las cuales responde con exactitud un radiómetro.

-Recursos humanos: Conjunto de personas disponibles para ejecutar un proyecto.

-Registro: Superposición exacta de las distintas planchas en un proceso de impresión. Usualmente cada plancha corresponde a un color, por lo que la "falta de registro" es perceptible como un fallo en la superposición de los colores. Para que las planchas o fotolitos no estén "fuera de registro" se añaden unas marcas especiales llamadas "cruces de registro" que facilitan su colocación y comprobación exacta. En cada proceso de impresión hay un pequeño margen de tolerancia en el registro que se soluciona mediante el reventado (trapping). Cada proceso tiene su margen de tolerancia particular de lo que se considera aceptable, aunque el registro exacto es el ideal.

-Reproducción: Procesos técnicos o fotográficos necesarios para garantizar la máxima similitud de imagen con la del original. En impresión es el resultado de imprimir copias a partir de una matriz, plancha, pantalla, etc., con la mayor similitud posible al original y mediante cualquier sistema de impresión.

-Resolución: Nivel de precisión con que una imagen digital o impresa es capaz de representar los detalles de la imagen original. Se expresa mediante el número de líneas por milímetro o pulgada o por el número de elementos de ilustración que utiliza la técnica específica para representar la imagen. Define la densidad de los puntos de exposición en una impresión digital (dpi) o de los pixeles de un monitor o escáner (ppp).

-Retícula: Estructura invisible que sirve de guía para la colocación de imágenes y textos en un impreso.

-Revelado: Conjunto de procesos químicos cuya función es la de transformar una imagen latente en una imagen visible y estable.

-Revista: Medio informativo impreso, de periodicidad variable (desde semanal hasta anual), con frecuencia ilustrado, que trata de temas de actualidad o de temáticas concretas.

-RGB: (Red, Green, Blue / rojo, verde, azul) Los colores primarios del modelo de colores aditivos. El modelo RGB se encuentra en televisores, monitores y escáneres de color.

-Rústica: Encuadernación en la que el libro, cosido o encolado, está forrado simplemente con una cubierta de papel o de cartón.

S

-Sangre: Imágenes impresas que superan el borde del papel.

-Saturación: Característica de un color que representa el grado o nivel de color respecto al color acromático de la misma luminosidad. Es uno de los tres atributos del color junto con la luminosidad y el tono.

-Serigrafía: Procedimiento de arte gráfico basado en un método permeográfico de estampación. El artista interviene sobre una pantalla de seda, tejido sintético o malla metálica, obturando ciertas zonas de su trama. Dicha operación puede realizarse de forma manual aplicando un líquido de relleno o adhiriendo una película o plantilla recortada, pero también existen sistemas de obturación fotomecánicos previa sensibilización de la pantalla. Para estampar se esparce tinta liquida sobre el tamiz de la pantalla mediante una rasqueta, tinta que pasará al papel solo por las partes no obturadas.

-Sistema de gestión de color: Programa en un entorno de preimpresión electrónica en color que sirve para establecer una uniformidad de color en todos los dispositivos de entrada y de salida, de manera que los resultados impresos coincidan con los de los originales.

-Sistema de impresión: Procedimiento de impresión basado en el resultado obtenido al presionar un soporte de impresión contra una forma impresora. Los sistemas tradicionales son: impresión serigráfica, tipográfica, huecograbado, flexográfica, etc.

-Software: Cualquier tipo de conjunto de programas de ordenador compuestos por instrucciones que conducen al hardware a realizar cada una de las funciones.

-Soporte: Base sobre la cual se aplica alguna operación, imagen u otros. Puede ser el papel cuando se imprime con tinta, plástico sobre el que se sitúa una emulsión fotosensible, metal en el que se crea la imagen para ser utilizado como forma de impresión u otros. Como sea que en el sector de gráfico se va repitiendo (transfiriendo) una imagen con diferentes fases de reproducción y producción (originales, pruebas, producto impreso u otros.) la utilización de este término se toma como base para tratar de las características correspondientes.

-Subtítulo: En composición, título que queda por debajo del título principal o que se inserta en el texto como subdivisión del contenido. En edición, título que depende de otra categoría superior y que preside una parte del texto de la obra.

T

-Tablet o tableta: En informática, dispositivo electrónico portátil con el que se puede interactuar a través de una pantalla táctil o multitáctil. El usuario puede utilizar una pluma stylus o los dedos para trabajar con el ordenador sin necesidad de teclado físico, o mouse.

-Tampografía: Procedimiento de impresión que utiliza como matriz una plancha grabada en hueco y un tampón de silicona como portador de la tinta sobre el objeto. Especialmente indicado para objetos pequeños e irregulares.

-Tapa: Parte de una encuadernación que cubre la superficie de los cuadernillos. Es generalmente rígida.

-Tapa dura: Tipo de encuadernación de libros en la cual se utilizan tapas hechas de cartón rígido y que van cubiertas por algún material para los efectos decorativos convenientes. La sujeción de las hojas puede ser encolada o cosida.

-Temperatura: El grado o nivel de calor de los cuerpos o del ambiente. Su unidad en el Sistema Internacional es el kelvin (K).

-Temperatura de color: Forma de medir el color de una radiación lumínica que se expresa en grados Kelvin o en escala de temperatura absoluta. El color está relacionado con el nivel de temperatura en función del tipo de emisión de luz de un cuerpo negro a ese nivel térmico.

-Texto: En composición, conjunto de palabras, números y símbolos dispuestos de tal forma que se facilita su lectura. En composición, nos referimos con esta expresión en forma específica al conjunto de material escrito en forma seguida para distinguirlo de los títulos, ilustraciones y demás elementos de un documento.

-Tinta: Elemento más antiguo utilizado en la comunicación escrita desde 3000 años a.C. Las tintas modernas de impresión se presentan en dos tipos básicos, tintas líquidas y tintas grasas. Las tintas están compuestas típicamente por tres tipos de sustancias. Un vehículo, un pigmento y una serie de aditivos como, por ejemplo, los secantes.

-Tipografía: Arte de realizar la composición de textos. Además de la disposición de los caracteres, esta actividad incluye también la correcta combinación de fuentes y diseños y el reparto de los espacios para obtener un resultado estético agradable.

-Tirada: Proceso completo por el cual se realiza la impresión de una cantidad de ejemplares previamente determinados.

-Tolerancia: Dada una magnitud significativa y cuantificable propia de un producto industrial (sea alguna de sus dimensiones, resistencia, peso o cualquier otra), el margen de tolerancia es el intervalo de valores en el que debe encontrarse dicha magnitud para que se acepte como válida, lo que determina la aceptación o el rechazo de los componentes fabricados, según sus valores queden dentro o fuera de ese intervalo.

-Tono: Característica del color asociada a la longitud de onda. Es el atributo del color más importante.

-Trama: Composición fragmentada de una imagen sobre la base de pequeños puntos para conseguir, con su tamaño selectivo, los distintos grados de grises.

-Trama estocástica: También llamada trama de punto aleatorio o trama FM, esta trama forma la imagen en base a punto pequeños del mismo tamaño y obtiene los diversos niveles tonales en base a un número mayor o menor de ellos por unidad de superficie.

-Tratamiento de textos: En composición, programa o sistema específicamente diseñado para la entrada, la revisión, la corrección y la salida de datos textuales. Mediante el tratamiento se pueden realizar una serie de funciones características tales como el almacenamiento, la configuración en formatos, la realización de sangrías, la preparación de títulos, la comprobación de las palabras, la inserción, el borrado, la búsqueda y sustitución, la creación de notas al pie, etc.

-Trazado: En la reproducción gráfica se entiende por trazado el dibujo con la distribución exacta de las páginas, elementos gráficos, y otros componentes del pliego.

-Trepado: Línea de puntos taladrados a máquina que se hace en el papel para separar fácilmente los documentos de sus matrices, o los sellos de correos.

-Troquel: Elemento con bordes cortantes para recortar con precisión planchas, cartones, cueros, etc. También se denomina troquel al molde que perfila la forma cortante. Por extensión el dibujo en línea que se realiza digital o analógicamente y que será la matriz para realizar el molde.

-Troquelado: Proceso mediante el cual se realizar la operación de troquelar en la que, tanto el troquel como la platina de apoyo, se encuentran en un plano.

V

Valor tonal: Porcentaje aparente de punto en un mediotono. Esta definición puede utilizarse también para disponer de una aproximación del valor tonal en ciertas formas de impresión. El sinónimo área de punto puede aplicarse solamente a mediotonos producidos mediante estructuras de puntos. En general, se supone que los valores tonales especificados en un fichero electrónico digital se reproducen idénticamente sobre la película obtenida de una filmadora.

-Verificación: Confirmación mediante examen y aportación de pruebas objetivas de que un programa funciona correctamente.

-Viabilidad: Condición que hace posible el funcionamiento del sistema, proyecto o idea al que califica, atendiendo a sus características tecnológicas y a las leyes de la naturaleza involucradas.

-Viudas: En tipografía, la última línea de un párrafo cuando tiene una longitud inferior a un tercio de la anchura total de la línea, especialmente cuando contiene parte de una palabra que quedó cortada en la línea anterior. También puede referirse a una palabra o parte de palabra que queda sola en una línea de un título.

W

Web: en informática, conjunto de recursos e información disponibles en Internet en formato HTML y accesibles mediante el protocolo HTTP. Forma un sistema de documentos en formato HTML con enlaces que permiten pasar a otros documentos, o ficheros de audio o vídeo, con el ratón.

Bibliografía

-Astrua, M., Fotocromía básica, E.D.B.

-Ban, D., Manual de producción para artes gráficas.

-Belchín, R., Guía de reproducción del color, RGB.

-Brehm, P. V., Introducción a la densitometría.

-Capetti, F., Técnicas de impresión.

-Casals, R., Las pruebas, sus opciones y glosario.

-Cost, F., Pocket guide to Digital Printing.

-David Bann, Manual de producción para Artes gráficas.

-Daniel Maso. Materiales y procesos de impresión.

-E. Martín. La Composición en Artes Gráficas.

-E. Raviola, Formas para offset.

-G. Ross. Nielsen. Serigrafía industrial y en Artes gráfica.

-García, R., Guía de reproducción digital del color.

-Geoffred Brett, Impresión digital en color para tirajes cortos.

-Hipólito Escolar, Historia Universal del Libro.

-Howard M. Fenton, El ABC de la impresión digital y según demanda.

-Hugh Speirs, Introduction to prepress.

-Ferrer E., Los lenguajes del color.

-Field, G., Color and its reproduction.

-Formenti J., Preimpresión: Tratamiento de la imagen.

-Francois Delamare, Los colores.

-Hideaki C., Combinar el color.

-Hugh Speirs, Introduction to prepress.

-Kaj Johansson, Peter Lundberg, Robert Ryberg. Manual de Producción Gráfica.

-Küppers H, Atlas de los colores.

-M. Gottardello, Impresión offset.

-M. Paloazzi. Huecograbado.

-Rafael pozo Puértolas. Diseño y producción Gráfica.

-Reverte, S., Color y reproducción.

-Ricard Casals, Las pruebas: sus opciones y glosario.

-Sanjay Sakhuja, Guía Agfa de introducción a la impresión digital color.

-Sanz, J. Carlos, El libro del color.

-Schildgen Thomas, Pocket Guide to Color.

-Swann A., El color en el diseño gráfico.

-Vidales Giovannetti, El mundo del envase.

-Varios Autores, Las artes gráficas en la comunidad de Madrid.

-Varios Autores, Flexography: Principes and practices

-VVAA, Manual de trabajo y aprendizaje para la impresión offset.

-VVAA, Impresión digital en tirajes cortos.

Producción Artes Gráficas

Tecnologías, manufactura, aplicación y evaluaciones

Edición EMD

Primera edición

Comunidad Europea

2021

211